「近代の超克」とは何か

子安宣邦

青土社

「近代の超克」とは何か　目次

III

「近代の超克」とは何か

1

「近代の超克」論の序章

昭和イデオロギー批判

「「近代」とは要するに自分がこの十数年に経験した混乱そのものであると申すより他ないのであります。」

亀井勝一郎・座談会「近代の超克」

「「近代の超克」は、いわば日本近代史のアポリア（難関）の凝縮であった。」

竹内好「近代の超克」

1　竹内好の戦後的発言

竹内好が昭和二六年九月の『文学』に掲載した論文「近代主義と民族の問題」で「日本ロマン派」の戦後的黙殺に対して発言している。「マルクス主義を含めての近代主義者たちは、血ぬられた民族主義をよけて通った。自分を被害者と規定し、ナショナリズムのウルトラ化を自己の責任外の出来事とした。「日本ロマン派」を黙殺することが正しいとされた。」[*1] この論文が書かれたその年、昭和二六年(一九五一)に私は大学に入学した。私の大学入学はそのまま反戦運動につながるものであった。朝鮮戦争はその前年に勃発していたのである。アメリカによる日本の占領体制は急速に反共的軍事体制に再編されていった。日米安全保障条約をともなった対日平和条約がサンフランシスコで調印されたのは、竹内の上掲の論文が発表された昭和二六年の九月である。その翌二七年に安保条約にもとづく日米行政協定が調印され、国内の米軍基地の拡張や新設がなされていった。反基地闘争は当時の私の学生生活と織りなす形であった。ここで竹内の論文に言寄せて自分史めいたことを語るのは、竹内のこの戦後的発言が負う五〇年代日本の状況を自分なりに確認するためである。

反共的軍事体制に編入され、再軍備する日本の現状に、反戦と反ナショナリズムの意志から対立し、抵抗していた私にとって、竹内のイロニーを含んだ両義的発言は不可解であり、感情的にすれちがうものであった。その不可解さは、冒頭に引いた文章に見るように、反近代主義と民族主義を連結させて構成する竹内の反語的で両義的なナショナリズムの言説にあった。もとより竹内の言説についてのこのような分析を、その当時の私がしていたわけではない。ただ竹内のナショナリズムに不可解な印象を当時の私はもっていただけである。私にとって不可解な竹内の発言は、五九年の「近代の超克」論で亀井勝一郎に同調して、「大東亜戦争は、植民地侵略戦争であると同時に、対帝国主義の戦争でもあった」[*2]と、太平洋戦争(大東亜戦争)そのものの両義性・二重性をいう発言に行き着くことになる。当時の私にとって不可解であり、そしていまなお分かったとはいえない竹内の言説の両義性とは、一五年にわたるアジア・太平洋戦争に集約される昭和史あるいは日本現代史に対する反語的な言説の両義性であるだろう。

そして六〇年以降長く竹内を考えることもしなかった私が、もう一度彼の戦後的発言を見るようになったのは戦後五〇年がいわれた時期にいたってである。それは八〇年代の終わり、壁の崩壊という世界史的な転換とも重なって、近代日本あるいは昭和日本とは何であったかを根本的に問い直す時期でもあった。その問い直しの課題は私にも与えられた。[*3]その課題に答えながら私は竹内の戦後的発言を読み直していったのである。そしていま「近代の超克」論という課題を自ら引き受けながら、彼の戦後的発言における両義性そのものが、昭和戦前史を戦後に関係づけながら「昭和日本」あるいは「昭和近代」を読解していく鍵を与えるものと私に考えられてきたのである。

2　竹内の反語的両義性

竹内の戦後的発言における両義性は端的に、近代日本はアジアに在ってアジアではない、という言葉にまとめられるだろう。多分に地政学的な言語をもって竹内は、アジアであってアジアではない日本への思い入れと否認とを両義的に表明するのである。そこから竹内は、アジアのための戦争とアジアに対する戦争との二重性をあの戦争に見ることにもなるのだ。私たちはいま昭和日本の戦争を「アジア・太平洋戦争」と呼んでいる。すでにこう呼ぶこと自体が、竹内のいう戦争の二重性を肯定するよりは、むしろ否定するものだと私は考えている。だが戦争の二重性をめぐっては後にふれることにして、ここでは論じない。私はここでは竹内における両義性の概念を、歴史の中心にあの戦争をもった「昭和日本」あるいは「昭和近代」という時代の反省的知識をたとえばこの序章の副題に掲げる〈昭和イデオロギー〉論として批判的に問題構成し、展開するための視点とすることの可能性を考えてみたいのである。

竹内における反語的な両義性の言説は、さきに引いた「日本ロマン派」再評価の言説に見るように、反近代主義と民族主義との相関的な連結から構成されている。近代主義とは竹内の言説において民族主義の相関的な対立項である。「近代主義は、日本文学において、支配的傾向だというのが私の判断である。近代主義とは、いいかえれば、民族を思考の通路に含まぬ、あるいは排除する、ということだ」と、竹内は前掲の論文でいっている。このいかにも竹内らしい主観的な、含意するものの説明を欠いた断定的口調でいわれているように、近代主義とは民族主義に対立する何かであり、民族主義とは反・近代主義である何かである。まさしく両者は相関的な対立項をなすのである。その両者を相関的な対立項とする両義性の言説は次のように展開される。

日本の近代がヨーロッパ的近代を志向するものであるかぎり、その「反」としての民族主義とは土着的アジアへの志向である。そして日本にとっての近代が、表層的変容としての近代であるかぎり、その「反」としての民族主義は底深いアジア的深部からの変革の主体を求めていく。あるいはまた日本の近代国家が先進ヨーロッパ文明の模倣的受容からなる偽似的近代国家とみなされるかぎり、その「反」としての民族主義は民族の魂をもった真正の民族国家を希求する。要するに日本の近代がよそものであれば、その「反」としての民族主義はアジアのほんものの近代を主張する。

この両義性の言説を構成する反語《イロニー》とは、ほんものをたえず根柢的に求めながら、表層的に実現されているにせものをひたすら否定していく言語的態度を意味している。これは「イロニーとしての日本」をいう日本浪曼派あるいは保田與重郎の言語的態度である。竹内好は保田のこのロマン主義的な反語《イロニー》的言語を共有し、継承するのである。日本の表層的近代の偽似性に対する否認と、アジア的日本とその民族主体的深部への思い入れとからなる竹内の反語的な両義性の言説を上のように敷衍してみるならば、これがすでに「昭和日本」の反省的知識が構成する歴史的な自己・日本理解の言説であることが知れるだろう。

3 「昭和日本」・「昭和近代」

私がここでいう「昭和日本」あるいは「昭和近代」とは、アジア・太平洋戦争をもって始まった昭和とその終焉にいたる時代、あるいは日本の一九三〇年からほぼ半世紀にわたる時代を指している。いわゆる太平洋戦争だけを戦争として「戦前《プレ・ウォー》」と「戦後《ポスト・ウォー》」と区分けされる時代を、一五年の戦争とともに始まり、戦争を経過し、何度もその終わりをいいながら終わらない戦後を引きずってきた一つの時代として、私は「昭和日本」というのである。その「昭和日本」を「昭和近代」というのは、この時代がまさしくその思想的な克服が求められ、「超克」が叫ばれ、議論の主題ともなってきた「近代」が支配する時代であるからである。「昭和近代」とは、その時代主潮に反‐近代主義が対置されていった時代である。大震災後に復興した帝都は、モダンな大東京の出現であった。有馬学は昭和戦前期の日本社会には「非常時」の意識とともに「モダニズム」が浸透することをいっている。[*4] 私も一九四一年の開戦にいたる昭和戦前期は日本社会における都市生活から文化・言論・学問的世界にいたる近代化の一つの達成期だと見ている。[*5] 反‐近代主義もまたここに実現されている「近代」が生み出すのである。そしてこの「近代」を反‐近代主義者は、この時期にあらためて、ヨーロッパを出自とした外来の「近代」、すなわち「ヨーロッパ的近代」と規定するのである。「昭和近代」とは、己れの近代性をこのようにくりかえし自問し続けた時代である。「昭和日本」の反省的知識が、この日本の近代性を問い続けながら自己（日本）理解の言説を文学的に、歴史的に、そして哲学的に構成していった時代が「昭和近代」であるのだ。

この昭和の反省的な知識が構成する自己理解の言説を、河上徹太郎が一二月八日の開戦がわれわれの感情に「ピタッと一つの型の決まり」[*6]をもたらしたという、その「型の決まり」すなわち「近代の超克」に因んで「近代の超克」論と呼んでおこう。この「近代の超克」論と呼ぶ昭和の反省的な知識が構成する自己理解の言説は、私がさきに敷衍した竹内の近代日本をめぐる反語的な両義性の言説に重なり合う。というよりは後者は前者を戦後的な視点から分節化しているのである。私たちはもう一度、竹内の両義性の言説に立ち戻って考えよう。私が「近代日本はアジアに在ってアジアではない」という言葉で集約した竹内の反語的な両義性の言説は、近代主義と民族主義とを相関的な対立項として構成されていた。「近代」と「民族」とは互いに対立項として相互に規定し合うのである。日本の「近代」がよそものとして、その外部性と他律性とをもって批判的に言及されるかぎり、その「反」としての「民族」はほんものとしての自立的な内部への志向によって構成される。だがこの両義性の言説は地政学的性格を帯びている。よそものとしての「近代」とはヨーロッパ的近代であり、その「反」としての「民族」はアジアの深部に見出されねばならないほんものの何かである。竹内の両義性の言説がこのような地政学的な性格をもつものであることによって、それは昭和の言説を解く鍵を与えるのである。昭和とは、日本が非ヨーロッパとしての自己を地政学的に確認し、あるいはまた確認させられていった時代である。日本の近代はまさしく「昭和近代」という時代に入ったのである。

4 「昭和近代」の始まり

第一次世界大戦に参戦した日本は極東におけるドイツの権益をめぐる関心以上のものをもたなかったとはいえ、この世界戦への参戦は世界秩序と世界史に日本が積極的に参入し、やがて世界秩序の再編成をも要求していくことを意味していた。ここで「世界秩序」とはヨーロッパを中心に、ヨーロッパによって構成されていった近代の世界秩序をいい、「世界史」とはこのヨーロッパを中心とした国際秩序と経済システムに世界が組み込まれていった近代史の過程をいう。この世界秩序への編入を強いられて近代国家形成を始めた日本は、いまこの世界秩序に積極的に参入し、その秩序内における新たな権益をも主張するにいたったのである。参戦とともに日本が中国に対して行った二十一ヶ条の要求（一九一五）は、日本が中国のことに満洲を自己の権益圏として支配的関心のもとに置くことの要求であり、東アジアの国際秩序の帝国主義的な再編成の要求でもあった。この世界大戦を通じて日本ははっきりと「国際政治ゲームの主要プレーヤー」*7の一つになっていくのである。すなわち世界列強のうちに日本は位置を占めていくのである。パリ・ヴェルサイユの講和会議はアジアの新たな強国日本の権益を容認した。パリからもたらされたこの報道は中国に五月四日の抗議運動を立ち上がらせることになる。世界の列強の一つとしての日本の登場は、中国に歴史上はじめてとされる民族運動の生起をともなうのである。「昭和近代」はこのようにして始まる。

この第一次世界大戦とその戦後過程を、ヨーロッパ支配による世界秩序の破綻とその解体の始まりと積極的に読んでいったのは京都の「世界史の哲学」者たちであった。それを代表する高山岩男は、この世界戦において重視しなければならない事実は、「この世界戦によつて、東西両洋を包む全世界が真実の意味で統一的な歴史的世界になつたこと」であるとともに、「この大戦によつてヨーロッパ近代の原理が完全に破綻を示した」ことだといっている。*8 たしかに第一次世界大戦の決定的な重要性は、「欧州による世界支配体制の土台骨が浸蝕され始めた」という点にある。そして「この過程は、第二次世界大戦によって行きつく」*9 と現代史家今津晃は記述する。帝国主義諸国間の競合的紛争の所産である第一次世界大戦の戦後的収拾そのものが、帝国主義をヨーロッパと新たな帝国であるアメリカと日本との間で、そして民族的自覚をもつにいたった非ヨーロッパの植民地・従属的世界の住民に対して、いかに再編成して維持するかの過程であった。「昭和日本」の始まりとは、帝国日本が第一次大戦後の帝国主義的再編成のアジアにおける過程に、中国に生起する民族主義運動に対しながら入っていったということである。それが一五年戦争という過程である。

『世界史の哲学』は第一次大戦後のこの過程を、すなわち帝国主義的再編成のこの過程を、ヨーロッパ的世界秩序の解体的転換の過程として記述する。まさにアジアにおける帝国主義的再編成の決着をつけようとする「大東亜戦争」の開戦によって上梓を決意したという『世界史の哲学』の冒頭で高山は、「現今の世界史上の大動揺、世界史の大転換がもたらさうとしてゐるのは何であるか。私はそれを、ヨーロッパ世界に対して非ヨーロッパ世界が独立しようとする趨勢或は事実であると考へるのである」といっている。あるいはまた、「満洲事変、国際連盟脱退、支那事変と、この世界史的意義を有する一連の事件を貫く我が国の意志は、ヨーロッパの近代的原理に立脚する世界秩序への抗議に外ならない」とも高山はいうのである。これは一五年戦争とともに始まる「昭和日本」への弁明を含んだ自己理解の言説である。ヨーロッパ的近代世界を超克する日本として理解するのである。「今日の世界大戦は決して近代内部の戦争ではなく、近代世界の次元を超出し、近代とは異なる時期を画さうとする戦争である」という文章をもって『世界史の哲学』は始まるのである。

5　昭和イデオロギー

高山岩男は第一次世界戦の終わりから第二次世界戦の始まりにいたる過程を、ヨーロッパ的世界秩序の解体過程ととらえた。この歴史認識は間違ってはいない。だが帝国日本とそのアジアにおける戦争を、ヨーロッパの近代的原理に基づく世界秩序にプロテストし、その解体を決定づけ、それを超える新たな世界の建設に導く道義的な行動だというとき、それは「昭和日本」とその戦争行為を、正しい自己（日本）理解をもって支える言説、あるいはイデオロギーとなる。すでにこれは己れの言説上の恥部としての不明朗さを正すことをえた真正の自己（日本）理解の言説であるのだ。「言説上の恥部としての不明朗さ」とは何か。それは「支那事変の意義」をめぐる不明朗さである。

高山は『世界史の哲学』の「序」で、その本の内容を京都大学の教室で語り始めたころのことを記している。それは「支那事変の勃発後」のことであったという。「日頃教室で顔を合せてゐた学生で、卒業後戦地に赴く人々が出てきた頃」、すなわち昭和一六年の大東亜戦争勃発に先立つこと二、三年の時期であるだろう。教室の学生たちが彼に投げかける問いは、「支那事変の本当の意義が何処にあるか」にあった。高山の講義における世界史的立場からの回答は、この問いを彼に向けた学生たちを納得させるものではなかった。「支那事変のもつ複雑な性格は、私の世界史的立場からの議論も真実に納得は与へ得ない如くに思はれた」と高山は書いている。自分の世界史的立場からする議論の説得性に高山は不安をもっていた。しかし大東亜戦争の勃発とその戦争の推移は、高山の不安を払拭した。彼はこう書くのである。

大東亜戦への推移拡大によつて、支那事変の帯びた不明朗な性格は払拭せられて、今や極めて明朗な一筋道を追ふに至り、動《やや》もすれば沈滞し勝ちだつた道義的生命力も溌剌として発現するに至つたのを喜ぶと共に、支那事変当初餞《はなむけ》として贈つた議論への責任も果されたのを感じたのである。

昭和の知識人・学生たちにとって「支那事変」がもっていたものを考える上で、これはきわめて重要な発言である。その重要さは、竹内好が一二月八日の開戦の報に接しての感動を記した宣言「大東亜戦争と吾等の決意」*10に匹敵するだろう。「歴史は作られた。世界は一夜にして変貌した。われらは目のあたりにそれを見た。感動に打顫《うちふる》えながら、虹のように流れる一すじの光芒の行衛《ゆくえ》を見守った」という宣言の文章は、「大東亜戦争」の開戦が暗夜に置かれた彼らに一条の光をもたらすような感動を与えたことを記している。それはまったく高山の「序」が伝えるものに等しい。「支那事変」は彼らにとって暗夜におけるような重く、解きがたく不明なものとしてあったのである。「大東亜戦争」は彼らの心におけるこの不明を一気に解きほぐし、そこに鮮やかな光を射し入れるものであったのだ。「支那事変」の複雑さは、いま「大東亜戦争」によって鮮やかに解読されたのだ。すなわちヨーロッパの帝国主義的原理からなる近代的世界秩序を転換させ、アジアはアジアとして所を得る新たな道義的秩序からなる世界へとわれわれを導く世界史的意義を担った聖戦として。「大東亜戦争」による「支那事変」の意味の解読とは、「支那事変」とともに行き暮れた日本の知識人たちを救う現代史再解釈の言説であった。

「昭和日本」の始まりとは、帝国日本が第一次大戦後の帝国主義的再編成のアジアにおける過程に、中国に生起する民族主義運動に対しながら入っていったということである。それが一五年戦争という過程である、と私はさきに書いた。この過程こそ昭和の知識人たちの心を重くし、学生たちにその意味を深刻に問わせた「昭和日本」の行程であった。この暗く重い行程は「大東亜戦争」によって読み直されたのである。帝国主義的なヨーロッパの近代的諸原理を超克し、自立するアジアをもたらす道義的な行程として。「近代の超克」の論とは、「昭和日本」の行き暮れた知識人たちを救い出した新たな自己理解の言説、すなわち「昭和近代」史の再解釈の言説である。それはただ京都の「世界史の哲学」者たちだけがもった言説ではない。河上徹太郎があの座談会の冒頭でいうように、人びとの気持ちにピタッと一つの決まりをつけるようなものであった。彼の言葉をもう一度引いておこう。「殊に一二月八日以来、吾々の感情といふものは、茲でピタッと一つの型の決まりみたいなものを見せて居る。この型の決まり、これはどうにも言葉では言へない、つまりそれを僕は「近代の超克」といふのです……。」彼らの感情に「ピタッと一つの型の決まり」をもたらしたのは十二月八日の「大東亜戦争」の開戦であった。この開戦がもたらした感情の決まりを言葉でいえば「近代の超克」だと、河上はいっているのである。「近代の超克」の論とは、十五年戦争の過程にある昭和前期の多くの日本人の心の決まりをもたらした言説であった。それは哲学者の言説となり、文学者の言説となり、歴史家や社会科学者の言説となっていった。そして一二月八日の宣戦はこれを国民の決意ともしていったのである。

「近代の超克」の論が日本人の歴史における自己理解の言説を構成するのは戦前・戦中の昭和前期だけではない。昭和における日本の戦争の思想的な決着をめぐる問題を引きずる戦後世界で、ヨーロッパ近代と自立するアジアという地政学的な枠組みで日本の自己理解が問われるとき、「近代の超克」論は戦後世界にも再生する。竹内好の「近代の超克」論が書かれたのも、戦後日本のアメリカからの自立が問われた六〇年安保を前にする時期であった。「近代の超克」論とはまさしく昭和日本人の自己理解の言説、昭和イデオロギーである。

I

2 なぜ「近代」とその超克なのか

「近代の超克」と三つの座談会

「殊に十二月八日以来、吾々の感情といふものは、茲でピタッと一つの型の決まりみたいなものを見せて居る。この型の決まり、これはどうにも言葉では言へない、つまりそれを僕は「近代の超克」といふのですけれども、……。」　河上徹太郎・座談会「近代の超克」

1 座談会「近代の超克」

座談会「近代の超克」が「知的協力会議」の名のもとに、一三人の学者知識人によって催されたのは昭和一七年七月二三・四日のことであった。その会議の結果は、参加者の提出論文とともに雑誌『文学界』の同年九・一〇両月号に掲載された。この会議を企画し、司会者でもあった河上徹太郎が、その結語で「此の会議が成功であつたか否か、私にはまだよく分らない。ただこれが開戦一年の間の知的戦慄のうちに作られたものであることは、覆ふべくもない」[*1]といっているように、座談会「近代の超克」の成立も反響も太平洋戦争開戦が日本人に与えた衝撃を離れてはない。このことの認識は、この「近代の超克」論を通じて重要である。

ところでこの「知的協力会議」を構成する一三人とは、「文学界」の同人である亀井勝一郎・林房雄・三好達治・中村光夫・河上徹太郎・小林秀雄と、その他の非同人の招聘者、すなわち音楽の諸井三郎、映画の津村秀夫、神学の吉満義彦、哲学の西谷啓治、科学哲学の下村寅太郎、西洋史の鈴木成高、物理学の菊池正士である。竹内好はこの座談会の人間構成には「三つの思想の要素、あるいは系譜が組み合わされてる」[*2]という。それは「文学界」グループと「日本ロマン派」と「京都学派」である。こう分類しながら竹内は、出席者である西谷啓治と鈴木正高で「京都学派」を代表させるよりは、出席していない高山岩男と高坂正顕を合わせた四人で代表させた方がいいといい、また「日本ロマン派」についても亀井勝一郎の代表権は薄く、欠席した保田與重郎によってこそ代表されるという。「文学界」グループについても、小林秀雄は「日本ロマン派」と紙一重であり、わずかに中村光夫によって代表されているという。しかしその中村は座談会でほとんど発言していない。とすると竹内によるこの分類とはいったい何を分類したものか分からなくなる。座談会「近代の超克」の内容を竹内なりに再構成するための分類であるのだろうか。それとも「近代の超克」の思想内容は、欠席者保田與重郎によって、あるいはまた高山岩男によって本来語られるべきだといっているのだろうか。もし座談会「近代の超克」の思想内容は、むしろその欠席者によって語られるというのならば、それはそれとしてこの座談会の意味ある読みであるだろう。実際に竹内は、座談会そのものを「近代の超克」の戯画とし、本来の「近代の超克」を保田のロマン派的言語をもって描いていくのである。

「近代の超克」の問題は座談会出席者よりも、むしろ欠席者によって語られるとしても、その座談会自体は象徴的な意味をもっている。一二月八日の衝撃がさきに挙げた一三人の文化人・学者たちを集わせ、「近代」を語らせたのである。司会者河上徹太郎の座談会冒頭の言葉は何度でも引く意味がある。「殊に十二月八日以来、吾々の感情といふものは、茲でピタッと一つの型の決まりみたいなものを見せて居る。この型の決まり、これはどうにも言葉では言へない、つまりそれを僕は「近代の超克」といふのですけれども、……。」もちろん「近代の超克」という表題は、司会者河上の思いつきではない。出席者が予め提出しているペーパーで論及されている主題でもある。しかしともあれ一二月八日の衝撃によって集まった会議で、「近代」とその超克を主題として語り合うことの合意が存在したのだ。座談会の実際がどうであったかは、ここで問うことではない。その実際はだれが見ても失敗であった。竹内がいうように欠席者によってその思想内容が展開されるような代物であった。だが私が注目するのは、一二月八日の衝撃が「近代」とその超克を主題として語り合う座談会をもたらしたそのことである。

2 なぜ「近代」なのか

私の手許に開戦の翌月すなわち昭和一七年一月の『中央公論』新年号がある。そこにはこの開戦をめぐる多くの文章とともに、京都学派の高山岩男ら四人による座談会「世界史的立場と日本」が載っている。この新年号を開くと巻頭言がまず、「米英に対する戦争が宣言せられた時、国民はからりとした気持ちになつた。それまでもやもやしてゐたのが、きれいに晴れたといふ気持であつた。我々は既に久しく忍ぶべからざるを忍んできたのである」(「国民の決意」)といっている。そして三木清は巻頭論文を、「今や支那事変は決定的な段階にまで飛躍した。事変の遂行を絶えず妨害してきた米英に対して、日本は遂に戦争を決意するに至つた」(「戦時認識の基調」)と書き始めている。このいずれの言葉にも直ちにコメントをつけ加えたい欲求を私は感じるが、それは我慢してさらに見ていこう。豊島与志雄は、「日本がなしつつある戦は、英米を相手にすることによつて初めて、聖戦たる意義が明瞭になつた」（「文化的構想」）と書いている。さらに高村光太郎は、「世界は一新せられた。時代はたつた今大きく区切られた。昨日は遠い昔のやうである。現在そのものは高められ確然たる軌道に乗り、純一深遠な意味を帯び、光を発し、いくらでもゆけるものとなつた」（「十二月八日の記」）と記している。ついでに和歌と俳句をも引いておこう。「天皇のいましますに「無礼なるぞ」われよりいづる言《こと》ひとつのみ」（斎藤茂吉）、「冬海のかなた驕れる国のあり」（高浜虚子）。

一二月八日の対米英の開戦は、多くの日本人に「からりとした気持」、もやもやとしたものが除かれて「きれいに晴れた」気持をもって受けとめられたのである。日本人が久しくもってきたもやもやとした心理的鬱屈は、具体的には「支那事変」と対米交渉がもたらしたものではあるが、それは明治以来の日本人が潜在的にもってきた歴史心理的な症状でもあった。対米英の開戦はその日本人の心理的鬱屈をきれいに取り去って、からりと晴れた気持ちにさせたのである。その気持ちはいま座談会を「近代の超克」の一語にまとめさせるのである。「近代」とは、一九四一年にいたるまで日本とアジアに重くのしかかってきた驕れる国々の「近代」である。一二月八日の開戦の衝撃は、かくて彼らにその「近代」と、そしてその超克とを語らせることになるのだ。座談会の主題がなぜ「近代の超克」であるのか。対米英戦の開戦が、日本人に己れの歴史心理的な鬱屈の要因を「近代」として対象化させ、その克服の言辞を可能にさせたのである。座談会「近代の超克」はこうして成立した。それはたしかに昭和日本の事件として一二月八日とともに象徴的な意味をもっている。

だが対米英戦の開戦が「近代の超克」の一語に座談会の主題を決めさせたとき、「近代」は日本の自分たちの外に、克服されねばならぬものとして見られることになった。「近代」とは、いま敵対する英米など既存世界秩序の支配的構成国の「近代」である。そうはいっても明治維新以来七〇余年の日本近代化の過程は、その「近代」の懸命な受容と領有の過程ではなかったのか。「近代」とは、すでに己れ自身ではないのか。とすれば克服されねばならないのは、自分でもあることにならないのか。日本で「近代の超克」を語ることは、したがって反語的たらざるをえないのだ。すなわち己れの装う仮面の「近代」を暴くような反語的な言語をもってせざるをえないのである。この反語的な言語態度を、みずからの思想表現そのものとしていったのが日本浪曼派であり保田與重郎であった。座談会の欠席者保田與重郎によってこそ「近代の超克」は本当に語られるとするのは、そして竹内好が保田によって「近代の超克」の再語りをしてしまうのもそれゆえである。ともあれ「近代」はいま日本の自分たちの外に、克服されねばならない西洋的「近代」として見られるに至ったのである。福沢諭吉が「西洋を目的とする」文明化の図式を日本のために明確に描いてから七〇年、[*3] いま日本はその西洋的「近代」を己れと切り離して、その克服を語り出したのである。「近代の超克」とは、まさしく昭和の言説というべきだろう。

3 「近代」と自己理解

アジアの先進国である日本で「近代」の克服を語ることは反語的たらざるをえないとは、すでにいった。*4 反語《イロニー》とは、すでに実現されているものを仮象としながら、その否定を通じて真正なものを己れの内部に、まだ実現されていない何ものかとして示唆していく言語的態度である。明治以来、文明開化の努力を通じて近代化を遂げたとみなされる日本とは、実は「近代」の仮面を着けた仮象の日本だとされるのである。対米英の開戦のこの時は、この仮面を剥いで真正の自己を実現する聖なる時となるのである。ところで「近代」をめぐるこの反語的な言語とは、東と西との地政学的な対立のなかで展開される言語であった。明治以来の日本が余儀なく装ってきたのは西洋の「近代」であった。その「近代」の超克をいう反語が示唆する仮象ならぬ真正な己れとは、日本とアジアとの、その歴史と民族の深部から見出されてくる何かであるだろう。それを保田は「詩」というのである。「詩」とは、「長く民族の希望となり悲願となり又自信となつたもの」*5 である。小林秀雄はそれを「歴史」というのである。*6 そして歴史家や哲学者たちは「民族」と「文化」の概念をもって、西洋「近代」を超える世界史的言説を、聖なる時におけるこの日本から構成しようとするのである。

私たちはここに「近代」をめぐる昭和日本と日本人の自己理解の言語が生み出されていることに注意したい。「近代」は自分の外のヨーロッパ「近代」として、しばしば否定的な、そして乗りこえなければならないものとして語られていくのである。座談会「近代の超克」でこの「近代」にもっとも否定的な亀井勝一郎は、「「近代」とは要するに自分がこの十数年に経験した混乱そのものであると申すより他にないのであります」というのである。反「近代」の言説としての反‐近代主義とは、日本浪曼派のもっとも重要なイデオロギーであるだろう。だが反‐近代主義とは日本浪曼派だけのものではない。反‐近代主義とは、むしろ昭和日本がもったイデオロギーであり、自己理解の言語であった。昭和日本とは、すでにいうように、世界の列強の一つとしてアジアにおける権益を主張する強国日本である。この世界的強国日本の昭和という時代を、私は「昭和近代」と呼んだ。反「近代」の言説としての反‐近代主義とは、その「昭和近代」のイデオロギーであり、自己理解の言語だと私はいうのである。反‐近代主義は昭和日本の自己理解を形成するとともに、日本人から何かを見えなくさせてしまったのである。何かとは、「昭和近代」としてすでにある自己そのものをである。この自己への錯視はいまなお続いている。

もう一つ「近代」をめぐる反語的言語が語り出すのは、仮象の「近代」の彼方に実現される真正の近代への願望である。そしてその願望が、東と西という地政学的言語をもって語られていくとき、真正の日本近代は新たに生まれるべきアジアとともに描き出されていく。その願望はかつては「東亜共同体」の言説を構成していたし、いまでは「アジア的近代」の言説を構成し、来るべき「東アジア共同体」のための真正のアジア的基盤を構想するのである。反「近代」主義はもう一つの近代、すなわち「アジア的近代」を構想するイデオロギーでもある。

4　欠席者と二つの座談会

「近代の超克」の座談会はたしかに昭和日本の象徴的な事件としてあった。だがこれが象徴的な事件としてあったのは、「近代」がその乗りこえをも含めて日本知識人の議論の主題になったことにあった。開戦の衝撃が、西洋的「近代」の超克を彼らに語らせたのである。この座談会が象徴的事件としての意味をもつのは、彼らに「近代」とその超克を語らせたことにあるので、それをいかに語ったかにあるのではない。この主題の思想内容の展開は、座談会の欠席者によってむしろなされざるをえないのだ。だから竹内は日本浪曼派の保田與重郎によって、「近代の超克」を思想問題として戦後世界に再生させたのである。保田与重郎とはそのような意味をもつ欠席者であった。京都学派の高山岩男ももう一人の欠席者であった。ただ保田は座談会に招かれてはいたが、高山は招かれてはいない。もし招かれざる欠席者を挙げるならば、私はここで三木清、蝋山政道、尾崎秀実、橘樸、細川嘉六などの名を挙げてみたい。ただ『文学界』の同人でもあった三木はともかくとして、すでに検挙され（昭和一六年一〇月）、留置されている尾崎を招くことはありえないし、橘らを招く意図などは主催者にまったくなかったであろう。だからこの欠席者リストは私によって意図的に作られたものである。この欠席者リストを作ることでこの座談会が欠落させているものを明らかにしたいのである。

座談会「近代の超克」（昭和一七年七月二三・四日開催）に先立って「昭和近代」に深くかかわる二

つの座談会があった。開催の時間順にいえば、まず「大陸政策十年の検討」という座談会であり、それは昭和一六年一〇月一四日に行われた。もう一つの座談会は、「世界史的立場と日本」であり、同じ一六年の一一月二六日に開催された。前者は『満洲評論』の創刊十周年を記念して企画された座談会で、出席者は尾崎秀実・鈴木小兵衛・橘樸・平貞蔵・土井章・細川嘉六の六名である。この座談会の記録は同月の『満洲評論』二一巻一七号に掲載された。[*7] なお尾崎がゾルゲ事件で検挙されたのはこの座談会の翌日である。後者は京都学派の四人の若い旗手たち高坂正顕・西谷啓治・高山岩男・鈴木正高によって行われ、さきに触れたように、『中央公論』の昭和一七年の新年号に掲載された。同じメンバーによる引き続いて行われた二つの座談会とともに三回の座談会は『世界史的立場と日本』[*8]（中央公論社、一九四三）の一冊にまとめられたが、その序で最初の座談会についてこうのべている。「一同が寄り合つたのは同年十一月二十六日の夜、大東亜戦争の大詔渙発に先んずる十三日である。我々はもとより情勢のそれほどまでに緊迫せるを知る由もない。しかし世界の日増しに感ぜられる実にただならぬ気配は、自ら我々をして世界史とそこに於ける日本の主体的位置の問題に論議を集中せしめた」と、世界史の言説における先見性を彼らは誇るのである。

西洋「近代」の再検討とともに世界史は再定義され、書き直されなければならないという座談会「世界史的立場と日本」は、四人の発言者自身がいうように切迫する時代における先見性をもち、座談会「近代の超克」の主題を先取りしている。「世界史的立場」の四人のうちの二人は座談会「近代の超克」の出席者でもあるのだ。だが座談会「大陸政策十年の検討」は、座談会「近代の超克」とどのような関係にあるのか。座談会「大陸政策」は座談会「近代の超克」の欠落としてある。前者の座談会を構成する六人だけではない、この人びとに連なるだれ一人も座談会「近代の超克」の場には存在しない。この六人に連なる人びとと私がいうのは、昭和研究会の東亜問題を担当していた人びとである。昭和日本の戦略的課題「東亜新秩序」の理論化を進めてきた人びとの一人もそこにはいないのである。座談会「大陸政策十年の検討」は、「近代の超克」論の重大な欠落を教えている。

5　欠落する中国

座談会「近代の超克」の欠席者によってその性格をいうのなら、この座談会は昭和日本の東亜問題あるいは中国問題についての発言者をまったく欠いてなされたものだというべきだろう。彼らは『文学界』同人の好みではないことは確かである。それにしても東亜問題・中国問題なくして「近代」とその超克が論じられるとしたのは、驚くべきことである。あるいは近衛の「東亜新秩序」は、東條の「大東亜戦争」とともに「大東亜共栄圏」に発展的に解消してしまったということなのだろうか。竹内も論文「近代の超克」で戦後からの亀井勝一郎の反省的発言、「(座談会「近代の超克」では) 唯ひとつ、今ふりかえって自分でも驚くことは、「中国」がいかなる意味でも問題にされていないことである」[*9]を引いている。座談会の出席者亀井自身が驚きだといっているように、中国に一言も触れることなく「近代」とその超克の問題を彼らは語ることができたのである。竹内もこの亀井の反省的発言を引いても、それはこの座談会の本質の指摘としてではない。彼はこれを引きながら、例の「大東亜戦争」の二重性をめぐる問題を論じていくのである。このことは竹内の「近代の超克」論の、私にとって不可解な部分をなしている。

中国問題、あるいは朝鮮・満州を含めた大陸問題をはずして、日本の近代も近代史もない。大陸問題とは、昭和日本の国家的存立の基底をなすような国策的な戦略的課題である。昭和日本は「満州事変」から「支那事変」へという大陸政策の軍事的な進展とともにあった。この二つの事変の間を必然的展開と考えるのか、偶発的展開と考えるかはともかくとして、昭和一六年の開戦前夜にあって人びとは日本の一〇年にわたる大陸における戦いの容易ならぬ事態に気づいていたはずである。あの座談会の主催者側の中心にいた小林秀雄も昭和一五年の講演で、「わが国は、只今、歴史始つて以来の大戦争をやつてをります。大戦争たる事に間違ひはないが、御承知の様に宣戦を布告してをりませんから、戦争と呼んではいけない、事変と言ひます。事変と呼び乍ら正銘の大戦争をやつてゐる一方、同じ国民を相手に、非常な大規模な新しい政治の建設をやつてをります」(「事変の新しさ」[*10])といっている。「支那事変」が「歴史始つて以来の大戦争」「事変と呼び乍ら正銘の大戦争」だと小林はいっているのである。他の出席者たちも大陸における戦争が日本にとって容易ならぬ事態だという認識は同じくしていたであろう。その小林たちは昭和一七年七月の座談会でこの大陸の戦争に、あるいは中国問題に触れることもなく、「近代」とその超克を語ったのである。ここには座談会「近代の超克」だけの問題ではない、昭和日本と日本人の歴史認識にかかわる問題がある。この歴史認識の欠落にかかわって私は座談会「大陸政策十年の検討」を挙げるのである。私たちは昭和イデオロギーとしての「近代の超克」論の検討を、座談会「近代の超克」が欠落させる「大陸政策十年の検討」から始めよう。

最後に上に引いた小林の「支那事変」をめぐる発言についてコメントしておきたい。彼は「歴史始つて以来の大戦争」といいながら、何が、どのように大戦争であるかについて語ることは一切ない。小林はただ既知の理論や方法によって、たとえば東亜協同体論などによって、この未曾有の事態に対処することの無効をいうのである。「既知の理論やら方法やらを新しい事変の解釈に応用して安心してゐる。事変といふ新しい魚を古い包丁で料理して疑わぬ、さういふ心構へなり態度なりをいふのです。言ひ代へれば、古い包丁を安心して使ふ人達には、魚の新しさは恐らく本当には見えてゐない。」ここでも何が「古い」のかをいうことはない。要するにただ包丁〔理論〕をもって魚〔事変〕を見ていることが「古い」のである。事変の新しさを理論は何も明かさない。そして小林の話は乱世の織田信長などの歴史的事例に移っていく。だが小林流の文学的講談を追いかけることは意味がない。小林は戦中から戦後にかけて人生論的な講談師になっていくのである。[*11] ここでも最後は『葉隠』の「修行に於ては、これまで成就といふ事なし。成就と思ふ所、その儘道に背くなり。一生の間、不足々々と思ひて、思ひ死するところ、後より見て、成就の人なり」という一節を引いて、「この事は真理であります。今日の非常時が、僕等凡庸の人間にも、この真理に近付く機会を提供してくれてゐる事は、僕は有難いと思つてをります。さうでなければこの事変も何が僕等の試練でありませうか」という言葉でこの講演を終えている。事変を試練として受け取っていく人生態度においてしか、事変の新しさは見えてはこないと小林はいうのだろう。戦争を人生態度においてとらえるこの言葉は、「時到れば喜んで一兵卒として戦ふ。これが、僕等の置かれてゐる現実の状態であります。何を思ひ患ふ事があるか。戦いに処する文学者の覚悟などといふ質問自体が意味を成さぬ」[*12]という小林のよく知られた言葉に共通する。この言葉は、〈黙って従軍する兵隊こそ戦争を真に知るものだ〉という言葉に行き着くだろう。歴史認識を、歴史に対する態度に、あるいは生き方に還元していくのは小林だけではない。それはこの時期の文学者、ことにロマン派の文学者に共通している。「歴史始つて以来の大戦争」だといいながら、何が大戦争であるかを認識するわけではない。大陸問題も、中国問題も彼らの人生態度の上には存在しない。座談会「近代の超克」は中国を欠落させるが、すでに昭和の文学者から中国問題は欠落しているのである。

3 中国の戦争の事実に誰が正面したか

座談会「大陸政策十年の検討」

「新しい東洋のイデオロギーが先行して、新東亜秩序が生まれるのではなくて、先づ砲煙弾雨の間、鉄火の洗礼を受けて東洋の合理化として東亜思想が生成して行くのである。」

蝋山政道「東亜協同体の理論」

「日本の改造も、孫文式に民族全体のかまどの隅に至るまでも民族主義化してしまふやうな支那の統治を許すこと、それを許し得るやうな日本にならなければ駄目なんだ。」

橘樸・座談会「大陸政策十年の検討」

1　まず事変があった

昭和の知識人ばかりではない、大方の日本人にとってまず事変があったのである。「満洲事変」があり、そして「支那事変」[*1]があったのである。火を着けて、燃え上がらせた事変の張本人たちを除いて、恐らく当時の軍部にとっても、政府にとっても、そして天皇にとっても事変がまずあったのであろう。たしかに事変とは勃発するものであり、まず事変が生起するのだが、しかしここで事変がまずあったというのは、その突発性というよりは、むしろその事後性をいおうとしているのである。「歴史始まつて以来の大戦争」[*2]と小林秀雄もいうような大陸における重大事態を、しかし日本人は起こってしまった事変として事後的に受け取らざるをえなかったのである。これは昭和日本のどうしようもない悲劇的な事態である。人びとは「大陸政策」という日本の帝国的存立と不可分な国家戦略の脈絡のなかで、事変をめぐる自分たちの理解を落ち着かせ、事後的に承認していったのである。帝国存立の条件というべき「大陸政策」の是非は、すでに昭和の日本人にとって論じうることではなかった。「満洲事変」や「支那事変」という事変がまずあったということは、「大陸政策」が昭和の日本人にとってまずあったということである。

「東亜協同体」をめぐる議論を追っていくと、昭和の事変に対する議論の事後性に私たちは気づかざるをえない。議論はどれも、そしていつでも「大陸政策」ないし「支那事変」から、それらを前提にして始まるのである。議論は事変の論理的な以前にはまったく遡及しない。あるいは人は事件に対して理論はつねに事後的だというかもしれない。だが事件の生起にいたる原因とその性格の精細な分析と、その事件を含む時勢の全体的な洞察とによって理論は事件に対する事後性をこえ出るのである。ところが昭和一三年（一九三八）をもって展開されていく「東亜協同体」の議論は、どれもまったく事後的である。昭和一三年とは「支那事変」の勃発（昭和一二年七月）の翌年であり、南京の陥落は前年の一二月である。そして近衛首相による「東亜における新秩序の建設は、我が肇国の精神に淵源し、これを完成するは、現代日本国民に課せられたる光栄ある責務なり」といういわゆる「東亜新秩序声明」（第二次近衛声明）が出されたのはその年の一一月三日である。東亜協同体論はこの近衛の声明と同時的に展開されていくのである。

「東亜協同体」の理論的な構築者、問題の提起者というべき蝋山政道の論文「東亜協同体の理論」[*3]は、「今次の支那事変は聖戦と呼ばれるやうになつた」という言葉をもって始まるのである。聖戦である「支那事変」がまずあるのだ。そして聖戦であることの意義は、この事変が「東亜に新秩序を建設せんとする道義的目的を有してゐる」ところにあると説かれていく。現に日本が中国大陸で遂行する「聖戦＝支那事変」が、蝋山の議論のア・プリオリな前提であるのだ。この「聖戦＝支那事変」から彼の「東亜協同体の理論」は演繹されるのである。「今次事変の本質」をめぐって蝋山は、それがヨーロッパが規定する戦争概念とは異なるものだとして、こういうのである。

なぜなら、今次の事変は東洋の日本が始めて西欧諸国の指導や干渉から離れて、独自の立場から大同世界への使命を自覚したことを示してゐるからである。それは一言にして云へば世界における東洋の覚醒であり、東洋の統一といふ世界史的意義を有する現象なのである。

もちろん近衛内閣によって大陸問題の収拾理念として提示された「東亜新秩序」声明の共同構想者ともいうべき蝋山を、事変の事後的な受容者であった一般の日本人と同様にみなすことはできない。だが近衛もまた大陸における事変の究極の事後的な収拾者であったと同様に、蝋山もまた事変の事後的な国際政治学的な理解者であったのである。「支那事変」を世界史的意義を有する「聖戦」という理解の枠組みに彼は中国における戦争を事後的に落ち着けたのである。それゆえ「東亜協同体」論は「支那事変」の事後的な世界史的理解と、収拾策的議論として展開されるのである。尾崎秀実はすでにそのことを端的に指摘していた。「現下の状勢のもとにおける「新秩序」の実現手段として現れた「東亜協同体」は、まさしく日支事変の進行過程の生んだ歴史的産物である」*4と。

歴史認識を出来事の事後的な意味づけ的な理解としながら、「支那事変」の世界史的意義を語っていったのは三木清である。「現在起こつてゐる出来事のうちに我々は歴史の理性を発見し、これに従つて出来事を指導してゆくやうにしなければならない」という三木は、「支那事変に対して世界史的意味を賦与すること、それが流されつつある血に対する我々の義務であり、またそれが今日我々自身の生きてゆく道である」[*5]といふのである。私は以前、「支那事変」をめぐる知識人の言説を追っていてこの三木の言葉に出会い、ほとんどこれを理解することができなかった。彼が哲学者の「義務」だとするのは、中国大陸で現に進行している日本の軍事的展開に世界史的な意味を賦与するといった、いわば時局への追随的な哲学的解釈行為でしかないではないか。しかもそれが大陸で血を流している兵士たちに報いる哲学者の道だと、三木はなぜいったりするのか。もしこれが時代に対して誠実であろうとする哲学者の精一杯の発言だとするならば、私たちはただ「支那事変」の事後的な意味づけ作業に誠実であらざるをえなかった哲学者の悲惨を見るしかない。

2　事変と世界史的意義

「支那事変」の世界史的意義とは、蝋山において、「聖戦」としての事変の本質から演繹されていった。その意義とは、「世界における東洋の覚醒であり、東洋の統一」であった。三木において「支那事変」の世界史的意義とは、この事変を貫く「歴史の理性」であった。哲学者三木がこの「理性」を事変において読み解くのである。すなわち、「支那事変の含む世界史的意味は「東洋」の形成であると見ることができるであらう。日支提携といひ日支親善といふのは、これまで世界史的な意味においては実現されてゐなかつた東洋の統一がこの事変を契機として実現されてゆくといふ意味でなければならぬ」（「現代日本に於ける世界史の意義」）と。三木がここで西田張りの理論的当為の口調をもって告げる世界史的な意味は、蝋山が事変の本質から演繹したものと変わりはない。「支那事変」は彼らにとって既存の、ヨーロッパ中心の世界史の書き直し要求を実現するものとしてあったのである。世界史の書き直しとは、世界史上に東洋を実現することであった。東洋の実現によって真の意味において世界は形成されるのである。「この真の意味における世界の形成から離れて東洋の形成は考へられず、そしてそこに我々は現在の事変における世界史的意味を認めることができる」と三木はいうのである。「支那事変」の世界史的意味は、それゆえ世界史上にこの東洋を実現する戦いだというところにある。

だが「東洋の統一」という理念が先にあったわけではない。「事変」という戦いがまずあったのである。戦いが岡倉天心の「東洋の覚醒」を明治から呼び起こすのである。だから蝋山は、「新しい東洋のイデオロギーが先行して、新東亜秩序が生れるのではなくて、先づ砲煙弾雨の間、鉄火の洗礼を受けた東洋の合理化として東亜思想が生成して行くのである」（「東亜協同体の理論」）と正しくもいうのである。なぜなら「東洋の統一への現実過程には寔《まこと》に悲劇的なる民族相剋の運命と西欧帝国主義体制との衝突といふ障碍が横つてゐる」からだと蝋山はいう。さすがに一流の国際政治学者蝋山は、哲学者よりはるかによく苛酷な「歴史の理性」を読んでいる。この「東洋の統一」という世界史的意義を実現する「地域的運命協同体」（蝋山）、それが「東亜協同体」である。大陸における「民族相剋」によって相互に流し合う血潮によって購われるのは、「東洋の統一」の理念であり、それを体現する

「東亜協同体」の理想であるのだ。三木はその理想を語ることが、大陸で流されたわが兵士の血潮に対する哲学者の「義務」だといっていたのである。

しかしこのように蝋山や三木における「支那事変」の世界史的意義づけの言説を追っていくとき、昭和初期知識人の多くの言説が帝国的国策の事後の、いうなれば承認の言説になってしまっていることへの絶望感を私はもたざるをえない。事変の前に向けての批判的認識は、権力によってすでにまったく封じ込められてしまったのか。彼らに許されたのは事変の後の意義づけの言説だけであったということなのか。この事後的な意義づけの言説は、やがて京都学派の「世界史の哲学」という哲学的饒舌をもって華やかにくりかえされるだろう。だがそれにしても事変の現実と世界史的意義との間には何と大きな距たりがあるではないか。それは戦いにおいて流される双方の血潮と、戦いによって語られる意味の言説との間の距たりである。それはあまりにも大きい。

3　中国における戦争の事実

私は先日、蝋山の論文「東亜協同体の理論」を読むために国会図書館で『改造』のマイクロ・フィルムをリーダーで繰っていった。その論文は『改造』の昭和一三（一九三八）年一一月号に載るものである。ことの順序から一〇月号から見ていった。その『改造』一〇月号の目次に毛沢東の「持久戦を論ず」があることを知って驚いた。さらに驚いたのは蝋山の論文が載る一一月号には毛沢東の「抗日游撃戦論」も翻訳紹介されていたのである。[*6]雑誌記事や論説をその時代の現物で読むことのメリットは、こうした思わぬ遭遇にある。毛沢東の「論持久戦」は、はじめ一九三八年五月二六日から六月三日にかけて、延安の抗日戦争研究会で講演されたものだとされる。その草稿はまず解放日報社で印刷されて内部配布本が作られ、劉少奇ら指導者たちに配布され、彼らの意見をいれて、草稿は修正され、同年七月一日に『解放』誌上に公表された。[*7]「われわれの抗日戦争の一周年、七月七日がもうやつて来た」という言葉をもって始まる『改造』所載の「持久戦を論ず」は、『解放』「抗戦一周年・中国共産党十七周年紀念」号所載のものの翻訳とみなされる。[*8]だが抗日戦の勝利をその戦争目的、さらに持久戦という戦術上から証明する「持久戦を論ず」が、なぜこの時期の『改造』に載ったのか。『改造』所載のものは、省略ないし削除を含みながらも、「持久戦を論ず」の論旨を基本的に正しく伝えている。たとえば次のようにである。

中国の今日の解放戦争は、すなはちこのやうな進歩的基礎の上におかれてゐるから、持久戦も出来れば最後の勝利の可能性もあるわけだ。中国は太陽の昇りつつあるが如き国家だ、[それが日本帝国主義の没落状態ときわだった対照をなしている。]中国の戦争は進歩的なのだ。この進歩性から、中国の戦争の正義性が産まれる。この戦争が正義的であるが故に、すなはちよく全国的な団結を喚び起こし、世界多数の国家の援助を集めてゐるのだ。([　]内は『改造』版テキストでは省略されている文章である。)[*9]

中国の対日戦争は正義で、進歩的戦いであり、その勝利は戦略的、戦術的にいって確実であることを説くこの毛沢東の論文がなぜここに載ったのか。私は以前『文藝春秋』の昭和一三年新年号によって、「南京陥落」の翌月のこの雑誌によって中国をめぐる論説のあり方を検討したことがある。[*10] この時も、この『文藝春秋』の巻末に胡適がサンフランシスコの中国居留民に向かってした演説の記録「抗日戦の意義」が載っているのを知って驚いた。そこでは「抗戦以来、中国は真に統一をなし遂げた。そして組織ある訓練された近代的国家になつた。中国民族生存にとつて欠くべからざる精神を獲得した」と胡適は語っているのである。胡適も毛沢東も、日本の中国における戦争そのものが中国人における民族的な自覚を促し、抗日戦勝利の条件ともいうべき民族的統一を成し遂げていることを語っているのである。

事変勃発の翌年の日本で、なぜ言論誌がこのような胡適や毛沢東の論説を紹介したのだろうか。それは日本知識人の認識や言説における欠落を補うための編集者の配慮であったのだろうか。日本の言説や認識におけるこの欠落は権力の言論統制によるのか、それとも知識人の自己規制、ないしは自らの視線の遮蔽によるのか。いずれにしろ欠落しているのは中国における日本の戦争の事実であり、現実である。すなわち中国における日本の戦争そのものが、逆説的に日本の苦戦と敗戦の条件を作りだしてしまっているという現実である。そして抗戦主体としての中国民族がいま歴然として存在するにいたっているという事実である。『改造』の編集者が毛沢東の論文をもってこの欠落を補い、中国における日本の戦争の事実と現実とを示唆したとすれば、そのすぐれた見識と勇気ある行為とに私たちは敬意を表さなければならないだろう。

毛沢東の論文によって示唆された事実とは、対日抗戦主体としての中国民族がいま歴然として存在するにいたっているという事実である。しかし抗日戦の勝利の見通しとともに中国民族の主体的形成が提示されることはなかったとしても、事変の行く手に横たわっているのは中国の民族問題であることは日本の識者にも周知のことであったはずである。近衛の「東亜新秩序」の声明も、それを基礎づける蝋山の東亜協同体論も、中国の民族問題に対応しての収拾策的理念の提示という性格をもっていたではないか。尾崎秀実は、「「東亜協同体」論の発生を深く原因づけてゐるものは、支那における民族の問題を再認識したところにあると思はれる」[*11]というが、しかし問われることは彼らがそれをどのように認識したかである。はたして彼らは「支那事変」という中国における日本の戦争の事実と現実とに正面しようとしたのか。中国にとっては抗日戦争である「支那事変」が、中国における民族的統一を促し、戦う民族主体の形成をもたらしている事実に日本の知識人ははたして正面したのか。

4 中国の民族主義と東亜協同体

蝋山は「東洋の統一」に向けての現実の過程に横たわる悲劇的障碍として「民族相剋の運命と西欧帝国主義体制との衝突」とをいっていた。「東洋の統一」の理念を語る国際政治学者蝋山が一方にもった国策的立場からするレアルな認識だろう。日本帝国の大陸政策が生み出していく中国の排日的民族主義は、「砲煙弾雨の間、鉄火の洗礼」を受けて克服され、地域的運命を共に担う民族主義へと生まれかわらなければならないのである。蝋山は、高田保馬の「支那の民族主義を否定してなほ支那民族との綜合を維持し形成しようとしてもそれは全然不可能のことである」[*12]という批判に答えて、「如何にせば支那における誤れる反日抗日の民族主義的潮流を是正し得るやの問題こそが、この東亜協同体論の発生的基調であると言つてよい」[*13]といっている。蝋山のこの言葉は、彼の東亜協同体論が中国の民族主義に正面して構想されたのではなく、その事実上の克服は砲弾に委ね、理念上での収拾的克服をめざして構想されたものであることを告げている。だから蝋山は、近衛の声明と同様に自分勝手な、いい気なことをいうのである。

支那における民族的統一の方途は西欧帝国主義の排除と既に大陸発展に出でた日本との互助提携の実現においてのみその可能性が存するのである。ここに日本の大陸的発展が日本自身にとつても帝国主義的脱却と民族相互の協同体建設へと飛躍しなければならぬ理由が横はつてゐるのである。(「東亜協同体の理論的構造」)

ところでこの蝋山の東亜協同体論を「支那の民族主義」の否認として批判する高田保馬において「民族主義」とは何であろうか。社会学者高田はその問いにこう答えている。「血縁と文化といふ伝統的たる紐帯によつて結束せらるる民族が其集団的たる自我の拡充を求むることに外ならぬ、此自我の力の欲望そのものに外ならぬ」と。これは昭和初年に社会学者や民族学者などによって構成される「民族」概念、すなわちエスニックな起源を同じくし、文化的同一性をもって結びついた人間集団といった「民族」概念によるものである。*14 一九三〇年代の日本に成立するものでしかないこの概念を実体視しながら高田は、さらに日中間の民族的共同について語るのである。「血縁と文化との共通といふ紐帯は更に薄く更に弱い形に於てであるが、両民族を同時に一体として結合せしめる。……いはば民族を結集すると同一の原理が東亜の各民族をいはば単一の東亜民族にまで結集する。そこに集団的自我が形成せられ意識せらるるところ、それの勢力要求が成り立つ。」(「東亜と民族原理」) しかしこれは「同文同種」という日中の同一性をいう文化的言説よりも、もっと始末の悪い「民族」概念に立つ民族主義的言説である。これは我の血と文化の同一性からなる「民族」概念を、彼にまで推し及ぼしているだけである。それは帝国の暴力である。だからまた高田はいうのである。「今、支那が民族主義を高調し血と文化との結合を重く見る限り、英露と手をとつて日本を排侮することはあるべからざるところである。……民族主義が徹底し純粋化する限り、従つて血と文化の共通による結合を重視する限り、それは英露と絶ちて日本と結ばねばならぬ。」この俗論的な「民族」概念による民族主義は、帝国の暴力そのものである。そして東亜協同体論を支える通俗的な基底は、むしろ高田におけるような民族主義的論説にあるのだろう。これは彼が批判する蝋山よりはるかに中国の民族主義を否認するものである。彼の「民族」学説に見るような日本の帝国的暴力そのものが、中国の民族主義をいっそう強固に形成するのだという逆説はもとより高田の知るところではない。

三木清が、「東亜協同体は単なる民族主義の上に立つことはできぬ」と、民族主義を否定的契機として二〇世紀的世界秩序としての「東亜協同体」を構想するのも、高田におけるような「民族」主義的東亜協同体論を前提にしてであるかもしれない。だが三木がわが民族主義とともに中国のそれをも否認するのを見るとき、蝋山が鉄火をもって「民族相剋」の悲劇の克服をいうのに代わって、彼はただ理論的な止揚をもってその克服をいっているにすぎないことを知るのである。中国の民族問題は正面されることなく、すでに早く理論的に止揚されてしまっているのである。

いはゆる東亜協同体は単なる民族主義の上に立つことはできぬ。その限り支那の今日の民族主義は批判さるべきものであり、しかもその批判は世界史の現在の段階がもはや単なる民族主義の時代ではないといふ点から、言ひ換へれば東亜協同体の思想の世界史的意義を闡明することから出立しなければならぬであらう。[*15]

5 座談会「大陸政策十年の検討」

東亜協同体論を日華事変が生んだ「歴史的産物」ととらえていた尾崎が、その協同体論を評して、「事変以来の民族問題とのはげしい体当りの教訓から生れ来つたものであることは充分了解出来る」

といっている。しかし尾崎のこの言葉が、はたして「東亜協同体」をめぐる理論作業を評価していわれたものなのか、それとも民族問題に真に正面すべきことを論者の課題としていおうとしているのか、そのいずれであるか私には分からない。いままで挙げてきた東亜協同体論が民族問題に「体当たり」したものとはとても思えないからである。尾崎は、蔣介石が一九三八年一一月一日（近衛の「東亜新秩序」声明は一一月三日である）に全国民に告げていった、「中国の抗戦は普通の歴史上に於ける両国の争覇戦ではなく民族戦争、革命戦争であること、しかも民族革命の長期戦争は必ず最後の勝利を得る」という言葉を引いた上で、「民族問題との対比に於いて「東亜協同体論」がいかに惨めで小さいかはこれをはっきりと自ら認識すべきである」（「東亜協同体の理念とその成立の客観的基礎」）といっているのである。この尾崎による蔣介石が国民に宛てたメッセージの引用は、まさしく『改造』が毛沢東の「持久戦を論ず」を掲載したのと同じ意味をもっているだろう。中国における戦争の事実の重大さ、すなわち民衆レベルまで拡がりながらいよいよ抵抗力を強めていく抗日的民族運動という中国における戦争の事実がもつ大きさに比べれば、事変の収拾的理論として日本知識人が構成する東亜協同体論の卑小は蔽うべくもないといっているのである。中国における戦争の事実に正面せねばならないといっているのは尾崎たちであって、東亜協同体論者たちではない。ここで私が尾崎たちというのは、中国の民族問題の現場に立ち会おうとした人びとを指してである。「大陸政策十年の検討」とは、そうした人びとによってなされた座談会であった。

『満洲評論』の昭和一六年一〇月二五日発行の第五〇九号（創刊十周年記念特輯号）に掲載された座

談会「大陸政策十年の検討」[16]は、尾崎秀実、鈴木小兵衛、橘樸、平貞蔵、土井章、細川嘉六を出席者としてその年の一〇月一四日に東京銀座裏の小さな中華料理店で開かれたという。すでに前章でも触れたように、この座談会の翌日一〇月一五日に尾崎はゾルゲ事件で検挙されるのである。この座談会での発言が尾崎が遺していった最後の言葉であると見れば、それだけでも座談会「大陸政策十年の検討」は重要である。もちろんそれだけではない。太平洋戦争開戦前夜のほぼ同じ時期にもたれた座談会「世界史的立場と日本」[17]に比べたら、たしかに外地満洲の情報的評論誌『満洲評論』に載る座談会「大陸政策十年の検討」は人に知られることははるかに少ない。今でもこれを見ようとするのは専門的な研究者に限られている。前者が対米英戦開戦という事態を予見するような世界史的立場の論説の躁的な饒舌を伝えるのに比して、後者の大陸政策十年の回顧は悔恨と憤懣の言葉で重く暗い。この座談会の重要さはむしろその点にあるといっていい。昭和一六年一二月八日の開戦前夜の日本の重苦しさ、「支那事変」という日本の戦争がもつ重苦しさをそれが伝えているからである。それは「近代の超克」の論者たちが、また「世界史の立場」の哲学者たちが正面しようともしなかった中国における戦争の事実と現実とに正面していた人びとがもたざるをえなかった重苦しさである。それは昭和日本の暗さの証言でもあるだろう。そしてそれは座談会「近代の超克」の欠席者にしてはじめてなしうる証言でもある。

なぜこうなったのか。あたかも「支那事変」は「満洲事変」の延長のようになってしまっているが、だれがその延長を考え、それに備えたのか。だが目の前にあるのは「遂に延長になつてしまった」という事態ではないか。「このやうな事態に対して日本はどういふやうに終始して行つたのか」という司会者土井の問いかけから、この座談会は始まるのである。「事変」の前に遡ることのない昭和一〇年代の言説において、このような問いかけから始まる座談会は希有である。

「少くとも満洲事変の発足に於ては、……支那に於ける民族問題、或は支那自身の持つ民族的な要求といつたやうなものは考へられずに、兎に角さういふ風に発足されたものであつたといふことは一つの特徴だと思ひます」と尾崎は、「支那の中原にある、中心部にある支那自身の持つ問題」に対する考慮なしに延長されていった「支那事変」という現在の事態をいう。「支那事変といふものはやはり満洲事変の続きとなつたが、事変の世界的規模への拡大とか支那の民族運動とか云つたものは、恐らく誰も感じなかつたことで、実際は蘆溝橋事件で初めて知つたやうなもので、その当時までこれらのことが充分に理解されて居なかつた」と土井はいう。鈴木も「民族運動といふものの本質は殆ど考へてなかつたですかね」と答え、細川も「本質、更に又そこに動いて居る全民族的活動量の発展を見て居ないのですね」と応じている。議論はまさに私がいう「中国における日本の戦争の事実と現実」をめぐる問題に絞られていく。だが日本が「民族問題に気が付いた時には時既に遅い」(平)のだ。なぜこうなってしまったのか。橘は「日本民族の堕落」だという。「それが朝鮮に来ると認識が鈍り、満洲に来ると益々にぶつて来た。何故そのやうに鈍つて来たかといふと、その最大の原因は日本民族の堕落であり、そして日本人の堕落にはたしかに一定の方向があると思ふ。そこを反省し、突きとめる必要があると思ふ」と橘は発言する。最後に橘が吐き出すようにしていう言葉を引いて、この座談会の私の紹介を終えよう。

日本の政策は根本から建直さなければならん。……だから、日本の改造、これが基なんだ。日本の改造も、孫文式に民族全体のかまどの隅に至るまでも民族主義化してしまふやうな支那の統治を許すこと、それを許し得るやうな日本にならなければ駄目なんだ。

4

「世界史の哲学」の時

座談会「世界史的立場と日本」

「日本が世界の中に乗出したのだ。」

高坂正顕・座談会「世界史的立場と日本」

「だからヨーロッパでは危機意識で、日本では世界新秩序といふことになる。」

西谷啓治・座談会「世界史的立場と日本」

1 「世界史の哲学」と京都学派

座談会「世界史的立場と日本」は『中央公論』の昭和一七年（一九四二）新年号に掲載された。[*1] 国民が昭和一六年一二月八日の開戦の衝撃と、ハワイ・マレー沖海戦の戦果がもたらした感動に打ちふるえていた時期であった。この『中央公論』新年号は「巻頭言」で総力戦的認識の必要を国民に説き（「国民の決意」）、さらに「今や支那事変は決定的な段階にまで飛躍した。事変の遂行を絶えず妨害してきた米英に対して、日本は遂に戦争を決意するに至つた」と、国民の事変認識は今や戦時認識に改められねばならぬと説く三木清の巻頭論文「戦時認識の基調」を載せている。そして表紙にも掲げられるメインの記事として高坂正顕・鈴木成高・高山岩男・西谷啓治の四人による座談会記録「世界史的立場と日本」を載せるのである。なお同誌は別に穂積七郎・永田清・板垣与一・大河内一男による研究会記録「長期総力戦意識の結集」をも載せている。こうして「世界史的立場」と「総力戦」とは、いま始まった「大東亜戦争」を理念づけ、国民の新たな自覚を促す標語として人びとに与えられていったのである。

ところで「大東亜戦争」の理念的標語「世界史的立場」を哲学的な饒舌をもって構成していったの

は、高坂正顕をはじめとする京都学派の四人の中堅的学者たちである。この座談会が行われた昭和一六年当時、高坂と西谷はともに四一歳であり、高山は三六歳、もっとも若い鈴木は三四歳であった。[*2]彼らは京都大学で西田幾多郎や田辺元の教えをそれぞれの形で受け、西田の影響下にある学者・知識人とともにいわゆる京都学派を構成していた。あるいは京都学派とは、この座談会によって世評を高めた彼らの名前とともに作られた呼称であるかもしれない。私がここで西田の影響下にある京都学派をいうのは、「世界史的立場」に立った歴史哲学的な言説、すなわち「世界史の哲学」という言説は、彼ら京都の西田学派によってしか構成されるものではなかったことをいいたいためである。当時の日本で彼ら以外のだれが「世界史の哲学」といった歴史哲学的言説を語り出しただろうか。「歴史的世界の自己形成」をめぐる哲学的思索を西田にしたがって、あるいは西田とともにしていた彼らによってこそ、「世界史的立場」の座談会もまた成立したといえるであろう。彼ら四人とは思想的立場を異にしながら、西田との師弟関係を終生もちつづけた三木清もまた、「支那事変」の意義づけをめぐる「世界史」的論説をすでに彼らよりも早く展開していた。

「世界史的立場」あるいは「世界史の哲学」とは、西田哲学という哲学的言説が昭和前期の戦争の時代に国家と国民の理念的な自己理解の言説形成に向けて働いた近代日本の希有な事例であるだろう。だがこのことの指摘は、西田哲学という哲学的言説が昭和日本という歴史的国家の理念化的言説になるものであることを教えても、「世界史的立場」を西田の歴史哲学に遡って検討すべきことを指示するわけではない。私たちにとって問題なのは、西田哲学を共通の歴史哲学的な母胎とした彼らによって、「支那事変」から「大東亜戦争」へと進む昭和日本に「世界史」の哲学的言説が構成されていったということである。

2　なぜ「世界史」なのか

座談会「世界史的立場と日本」は、後に同じメンバーによる他の二つの座談会[*3]の記録と合わせて単行本『世界史的立場と日本』として昭和一八年三月に中央公論社から出版された。その序文には座談会「世界史的立場と日本」の先見性を誇るかのように、こう書かれている。

> 一同が寄り合つたのが同年（昭和十六年）十一月二十六日の夜、大東亜戦争の大詔渙発に先んずる十三日である。我々はもとより情勢のそれほどまでに緊迫せるを知る由もない。しかし世界の日増しに感ぜられる実にただならぬ気配は、自ら我々をして世界史とそこに於ける日本の主体的位置の問題に論議を集中せしめた。かくてその夜の座談会の記録は、後に「世界史的立場と日本」と題せられて、昨年一月の中央公論誌上に掲載せられたのである。

この言葉は私たちに座談会「近代の超克」の冒頭で司会者の河上徹太郎が、「殊に十二月八日以来、吾々の感情といふものは、茲でピタツと一つの型の決まりみたいなものを見せて居る。……つまりそれを僕は「近代の超克」といふのです[*4]」という、すでに幾度か引いた言葉をあらためて思い起こさせる。たしかに「世界史的立場と日本」もまた、すでに世界大戦の予感のうちにある昭和一五、六年の日本の時局にピタッと決まっているのだ。まさしく昭和一六年一一月という開戦前夜の時局との適合性が、この座談会の評判を高め、京都学派の四人の論者たちを戦時日本の言論的中心に導いたのである。だが、「大東亜戦争」の開戦という衝撃をなぜ河上らが「近代の超克」の問題として受けとめたのかが問われねばならなかったように、戦争を目前にした昭和一六年の日本をなぜ「世界史的立場」でとらえ、語り出したのかが問われねばならないだろう。やがて『世界史の哲学』を著す高山は、「歴史哲学は世界史の哲学でなければならぬ[*5]」と己れの言葉に強調点を付していうが、なぜいま日本から語り出される歴史哲学は「世界史の哲学」でなければならないのか。

　高坂はこの座談会の口火を切る形で日本の歴史哲学について語っている。日本の歴史哲学は三つの段階を経てきたという。まず一番初めに盛んであったのは「リッケルト張りの歴史の認識論」であったと高坂はいう。その次が、「ディルタイ流の生の哲学とか解釈学といったものから歴史哲学を考へようとした時代」であったという。そして今はそれからさらに一歩先に進んで、「歴史哲学といふものは具体的には世界歴史の哲学でなければならない、さういふ自覚に到達してゐる」段階だというのである。高坂はこのように日本の歴史哲学はいまや第三の「世界史の哲学」の段階に到達しているというのである。ここでいう日本の歴史哲学が経過した三段階とは、西田とその周辺の高坂らの歴史哲学的反省なり歴史記述をめぐる方法意識が、マルクス主義的歴史意識と交錯しながら辿っていった過程であるだろう。だがここでいわれる日本における歴史哲学の三段階の展開とは、第一次大戦後、すなわち大正末期の一九二〇年代から始まるわずか二〇年余の経過でしかないのだ。和辻哲郎や九鬼周造らによって解釈学や現象学がヨーロッパから導入されるのは一九二〇年代の終わり、昭和の初期である。昭和一〇年代とは歴史哲学の第二の段階、すなわち「生の哲学や解釈学」の最盛期であったといってよい。この解釈学こそ一国的歴史の中に固有文化の同一性を確認し、「伝統」を読みとり、歴史的個性をもった「民族」概念をも構成していくのである。この「民族」を主体的な基盤にして「世界史的立場」もまた主張されてくるのだ。[*6]

このように見てくると、近代日本の歴史哲学における第三の段階、すなわち「世界史の哲学」の段階への到達は、この座談会の開催された昭和一六年という時期とほとんど同時的ではないかと思われてくる。高山の『世界史の哲学』（昭和一七年九月刊）の巻頭に置かれた論文「世界史の理念」（一）（二）が発表されたのは『思想』の昭和一五年四月号と五月号とにおいてである。西谷啓治の『世界観と国家観』（弘文堂書房）の刊行は昭和一六年の七月である。さらに高坂正顕の『民族の哲学』（岩波書店）が刊行されるのは昭和一七年四月である。また鈴木成高の『歴史的国家の理念』は昭和一六年一二月に弘文堂書房から刊行されている。こう見てくれば日本の歴史哲学が「世界史の哲学」の段階に入ったのは、これを正確にいい直せば、日本の京都学派の彼らの間に「世界史の哲学」という言説的立場が構成されていったのは、開戦の前夜というべき時期であったことが知れるのだ。「支那事変」の中に世界戦への足音を聞きながら、そして対米英戦の開戦とともに、彼らによって確信をもって立ち上げられていったのが「世界史の哲学」であったのである。「世界史の哲学」の理論的実質をなすものはすべて開戦の事後的作業にかかわるものである。*7 そのことは「東亜新秩序」の構想を「世界史」的に意義づける論説を、事変の進展過程ですでに展開していた三木と彼らとの間にある距たりを示すことでもある。

3　三木と彼らの間

座談会「世界史的立場と日本」を載せる『中央公論』は、その巻頭論文に三木清の「戦時認識の基調」を掲げていた。そこでも「世界史」をいいながら三木は、高坂らとともに座談会の同じ席にいるのではない。三木はすでに権威ある既存の論説家として、目次の冒頭を飾る論説の筆者であったのだ。このことは三木の「世界史的意義」をいう言説と高坂らの「世界史的立場」を唱える言説との間の距たりを示している。たしかに三木は高坂・西谷と三歳の年齢差をもっている。しかしこの年齢差以上の距たりを三木は彼らとの間にもっていた。

京都のアカデミズムのサークルをはずれた、あるいははずされた三木は早くからアカデミズムの外に一個の哲学者あるいは哲学的発言者としてのあり方を見出していった。哲学の教養主義的な講説家とは別に、三木がマルクス主義と積極的な思想的交流をし、歴史哲学や技術哲学をめぐる独自の思索を遂げていったのは、現実世界に定位した哲学者三木にしてはじめて可能なことであった。だがそれは三木哲学論に属する問題であって、ここでの問題ではない。ここではもう一人の三木、時局への哲学的発言者、論説家としての三木が問題なのである。三木が昭和一〇年代、事変の渦中の時局に積極的な発言をしていったのは近衛首相のブレイン集団である昭和研究会の有力メンバーになることによってであった。三木は蝋山政道とともに、近衛によって提示された事変の収拾策「東亜新秩序」の共同構想者であり、理論的支持者でもあった。この時期に諸雑誌に連続して発表される三木の論説は、ほとんどこの「東亜新秩序」構想の哲学的敷衍（世界史的意味づけ）というべきものである。この三木の時局への関与に、彼の重大な決断を見るのは、この時代における三木ら批判的知識人の苦衷を知る久野収である。事変から戦争へと進展する時局に抵抗する道はますます閉ざされていった。残された選択は二つしかなかった。一つは「戦後の準備にすべての責任をかけて、沈黙をつらぬく道」であり、もう一つは、「戦争にすべての責任をかけて、戦争の意味転換をはかる道」であったと久野はいう。[*8] そして三木が選んだのは後者であった。だが全体戦争としての性格を不可避的に強めていく戦争の進展は、三木たちが企てたような「戦争目標の理想主義的意味づけを全面的、現実的勝利（トータル・ビクトリー）のための手段やそえものにおわらせる傾向をますます強めないわけにはいかない」のだと久野はいうのである。たしかに私たちがいま三木の論説に見るのは、戦争に突き進む時局のそえものになってしまっている意義づけの言説の無惨ともいうべき姿である。このそえものの論説の背後にあえて著者の苦衷の決断を読んだのは、暗夜をともに生き、同情をもって三木を回想する久野だからである。

大陸における事変の収束に向けて発せられた「東亜新秩序」の標語は、事変の長期化にもかかわらず空しくも引きずられていく。座談会「世界史的立場と日本」を載せる『中央公論』は、その巻頭に三木の論説「戦時認識の基調」を掲げていることはすでにいった。この論説は、「今や支那事変は決定的な段階にまで飛躍した。事変の遂行を絶えず妨害してきた米英に対して、日本は遂に戦争を決意するに至つた」という言葉をもって始められていた。当時の政府や軍部がいうことでもあるようなこの言葉は、三木のこの論説のすべてを語ってしまっている。「大東亜戦争」とは、長期化した「支那事変」がいまや決定的段階に突入したことである。「支那事変」の遂行とは、近衛や三木たちにとっては「東亜新秩序」の建設を意味していた。したがって事変（日中戦争）の遂行を妨げてきた米英との戦争、すなわち世界戦争という決定的段階に入ったということは、「東亜新秩序」の建設がいまや「世界新秩序」の建設として考えるべき段階に入ったことを意味するのだ。三木はこういうのである。

今日戦が日本民族に要求されてゐるのは世界的な新秩序の構想である。もとより戦争の直接の目的は東亜新秩序の建設である。しかしながらこのものは世界新秩序の構想を離れては思惟されることも実現されることも不可能である。これは支那事変が英米に対する戦争にまで発展したといふ事実そのものによつて証明されてゐることである。

時局の進展とともに、ただ意義づけの言葉を増幅させていく三木の論説の空々しさは、すでに悲劇的でさえある。ところで私がここまで三木の論説にこだわってきたのは、三木と彼ら京都学派の四人との間の差異なり距たりを見るためであった。それは「世界史の哲学」という言説のプライオリティを見定めるためでもないし、帝国主義的論説のラベルをどちらかに貼ろうとするためでもない。むしろ「支那事変」と「東亜新秩序」とを重く鬱的に引きずる三木とは違った、彼らにおける「世界史」の哲学的おしゃべりの躁的な立ち上がりを見たいためである。

4 「世界史的日本」の発見

高坂は日本の歴史哲学が第三の段階、「具体的には世界歴史の哲学でなければならない、さういふ自覚に到達してゐる」ことをのべ、その上で、「では何故さうなつたか」と問うている。その問いに高坂はみずから、「日本の世界歴史に於ける現在の位置がさうさせたのだと僕は考へる」と答えている。「世界史」の理念は、日本の現在の位置が要請しているというのである。では現代日本とは、どのような世界史的位置にあるのか。だがこう問い返してこの座談会を読み直してみても、そのどこにも現代日本をめぐる歴史的な自己分析などはない。それどころか日本の直面する内外の危機的事態をめぐる言及など、ここではまったくなされていない。これは驚くべきことだ。ここにあるのはヨーロッパの危機であり、それと相関的に語り出されてくる日本の世界史的意識だけである。「世界史的日本」とは、ヨーロッパの危機と相関的に日本人である彼らに抱かれた肥大した自己感であるようだ。

それは「支那事変」という現実への思想的関与から生まれた三木の「世界史」的意義づけの言説との決定的な違いを思わせる。だがこの座談会「世界史的立場と日本」は、開戦に湧く日本で大評判だったのである。*9

「ヨーロッパ人が考へる世界史といふものと、我々の考へる世界史といふものとには、よほど違つたところがあると思ふ。……本当の意味で世界史といふものを、身にしみて感じるものは、ヨーロッパ人よりも我々日本人だと思ふ。そしてこれが正当だと思ふ。といふのは、これは日本人の主観的な観念ではなくて、世界史自体の中に根拠をもつてゐるからなんで。僕はさう思つてゐる」と高山は、高坂による冒頭の歴史哲学的問題提起を受けて発言する。高坂と鈴木が直ちに「同感だね」とそれに応じている。この高山の発言は、日本人が「世界史的日本」を自らいう言説とは何かを教えている。それはヨーロッパ的世界秩序に大きな破綻をもたらし、その世界史の終焉をも告げるように、いままさにアジア・太平洋に登場する帝国日本を、日本人の主観的な歴史意識をもって表明する言説以外のものではないということである。日本がいま世界史的立場をいうことは正当なのだ。なぜ正当なのか。その理由は、日本がいままさに世界史的位置にあるからだ。これは循環論法である。これが循環論法であるのは、それが主観的な確信の表明であるからである。そしてこの循環論法を成立させているのは、その絶対的前提として帝国日本が存在していることである。この存在から出発する議論は、現代日本と国際状況の認識も分析もまったく必要としない。この帝国日本をただ「世界史的日本」として再発見することだけが問題なのである。

西谷啓治はこの座談会の行われる直前に、さきに挙げた『世界観と国家観』[*10]という小著を刊行するが、その序で彼はベルリン留学時の体験を語っている。それは「日支事変の起る約三ヶ月前」であったという。昭和一二年四月のことであったであろう。ドイツの新聞紙上に日本に関する本の広告がのり、その中に「今や世界史の舞台は太平洋に移りつつある、その焦点に立つのは日本である」といった文章を見出して彼は、「如何にも大袈裟なことを言ふといふ気持ちと一種の衝撃的な緊張感との錯雑した感情を覚えた」と記している。ヨーロッパ的視点に同一化させてきた彼が、そのヨーロッパ的視圏の彼方から「世界史的日本」が大きく登場してくる姿に衝撃を受けているのである。やがて「日支事変」が始まると、在欧の日本人たちは事変の出来《しゅったい》に困惑し、その話でもち切りになったという。だがそこに奇妙な現象があることに気づいたと西谷は記している。ドイツ人たちが事変を止むをえないとみなしたに反して、「多くの同胞の態度は非常に傍観的であり、傍観的に批判的であつた」というのである。彼はここから日本知識人における現実に対する無関心の態度を反省していく。「併しその欠陥は何よりも自分自身のうちに感ぜられた。それで、世界関連と世界史のうちから見た現在の日本の位置を自分なりにはつきりとさせたいといふ要求が、今いつたやうな事情に促されて、起こつたのである」と西谷は書くのである。

　西谷が記すこのエピソードは、彼らにおける「世界史的立場」の成立を考える上で示唆的である。一つには彼らのいう「世界史的日本」の言説とは、本質的にドイツの新聞紙上の広告文《コピー》の日本人によるコピーではないかということである。まずヨーロッパ的世界が、アジアからの「世界的日本」の登場を自分たちの脅威として見出したのである。その驚きを今度は日本の彼らが、これを自分の言葉で、「世界史的日本」として再生するのである。既存のヨーロッパ的「世界」との相関でしか、新たな「世界」的日本も語り出されない。ヨーロッパ的世界の危機をいうことが、あるいはヨーロッパ世界史の終焉をいうことが、「世界史的日本」を語り出させるのである。「だからヨーロッパでは危機意識で、日本では世界新秩序といふことになる」と西谷は座談会でいうのである。ヨーロッパの危機の現代とは、日本で「世界史の哲学」が語り出される時なのである。

あのエピソードが示唆するもう一つのことは、日本知識人の現実への無関心に対する反省が、西谷を現代日本の世界史的位置づけに向かわせたという事実である。これは「序」の言葉が隠している何かを私たちに教えている。在欧の西谷をも含む日本知識人の無関心とは、実は日本そのものへの無関心であったのではないか。だからドイツの広告文が彼に衝撃を与えたのである。日本は自分たちが考えてきたものよりはずっと大きく、世界史的なのだ。西谷の反省はそれゆえ彼をその日本の世界史的位置づけに向かわせたのである。西谷の反省には飛躍があった。無関心の反省が、いきなり彼を日本の世界史的位置づけに向かわせたのである。この飛躍をもたらしたのはあの広告文の衝撃である。ここに見るのは開戦前夜の昭和日本の知識人における「日本回帰」の一例である。京都学派における「日本回帰」が「世界的」な帝国日本を再発見させるのである。「世界史的日本」の立場は開戦前夜の日本で彼らによって、あのドイツの広告文をコピーするようにして再構成されるのである。

5 「世界史的使命」

ヨーロッパ人は近来東洋の攻撃を感じてゐて、そしてさういふ脅威の観念、或は防禦の観念で今日の世界の事態をみてゐるといふところにどうしても抜け切れないところがある。新しい世界史的事態を把持するのには、世界の革新といふ観点が第一だと思ふ。（鈴木）

結局ヨーロッパといふものが一つの特殊的な地域になつたといふ意識と、その背後にはやはり有色人種の台頭、有色人種が大きな影法師みたいに、から地平線の向うから出てきた、さういふ感じだね。（西谷）

ヨーロッパ世界の危機意識の中に「大きな影法師」のように不気味に登場する日本を、既成の世界史を書き改め、書き直し、新たな世界史を創り出す能動的な書き手とするには、あらためて日本を歴史の創造主体としてとらえ直すことが必要である。「歴史は種的なもの、民族的なものの歴史だ」（高坂）という言葉と、「いつでも世界史を動かしてゆくのは道義的な生命力だ」（高山）という言葉とが呼応しながら、「世界歴史に対して決定的となるやうな場合には、どうしても民族の生命力、更にはモラリッシェ・エネルギーが有力になつてくると思ふ」という高坂の言葉を生み出していくのである。「世界史的立場」の座談会が、開戦前夜という時代の要請にピタッと応ええたものとなるのは、何よりも高坂のこの発言による。世界史の革新のために道義的生命力をもって戦う民族主体がここに成立するのである。「戦争の中に道義的なエネルギーがある。形式化された正義感、実は旧秩序とか現状とかを維持しようとする不正義、さういふものに対する健康な生命の反撃、それが道義的エネルギーといふものだと思ふ」という高山の言葉が、あの高坂の言葉に直ちに返されるのである。世界の新秩序のための戦いは、道義的生命力をもった民族の主体的、能動的な行動なのだ。かくて世界史の革新とは、この道義的民族が負う「世界史的使命」となるのである。この「世界史的使命」を担うのは日本であり、日本は世界史の方向を決定し、それを導いていく「世界史的必然性」を背負っていると高坂はいう。

この動乱の世界に於て、どこが世界史の中心となるのか。無論経済力や武力も重要だが、それが新しい世界観なり新しいモラリッシェ・エネルギーによって原理づけられなければならない。新しい世界観なり、モラルなりができるかできないかといふことによつて世界史の方向が決定されるのだ。それを創造し得たものが世界史を導いてゆくことになりはしないか。日本は今言つた風な意味でもつて、かかる原理を見出すことを世界史によつて要求されてゐる、世界史的必然性を背負つてゐるといふ気もするんだ。

これは座談会「世界史的立場と日本」が生み出していった煽動的な言辞である。高坂がいま煽動しているのは座談会の同席者に対してばかりではない[11]、この座談会の読者である国民に対してである。日本の「世界史的立場」を再発見するこの座談会は、戦う日本の「世界史的使命」を語り出すことによって国家と国民を世界史の理念的言辞をもって煽動する座談会となるのである。高坂は最後に念を押すようにいうのである。「新しい世界を展開してゆくところに歴史の意味があるのだ。その解決の主体が国家的民族なのだ」と。

6　一二月八日とモラリッシェ・エネルギー

世界史を革新する日本の使命とそれを可能にする民族の道義的生命力を語り出した座談会「世界史的立場と日本」は、昭和一六年一一月の『中央公論』に掲載された。その一ヶ月後の一二月八日の開戦は、日本の歴史創造的行動の「世界史的必然」をいう座談会に対する言説的勝利の認証であった。第二回の座談会「東亜共栄圏の倫理性と歴史性[12]」は、彼らの言説的正しさの実感の上に開かれる。「十二月八日はつまり我々日本国民が自分のもつモラリッシェ・エネルギーを最も生き生きと感じた日」であるという鈴木は、一二月八日が彼にもたらした感慨をこう語っている。「吾々が主体的に動いてゆくところに始めて必然がある。つまり歴史的必然は主体的必然といふか、実践的必然だ、といふことだつたと思ふんですが、そのことを僕は十二月八日に特に痛感したのです。……戦争を避け難いものとする原因が吾々の外にあつた、即ち世界の中にあつた。その必然は十二月八日に日本が立上つたことによつて始めてその意味がはつきりさせてきたわけです。そこにモラリッシェ・エネルギーがある。歴史の形成力としてのモラリッシェ・エネルギーがあると思ふんですが。[*13]」世界史の日本による革新的書きかえを「世界史的必然」として語った第一回の座談会出席者は、開戦という日本の能動的行為によってそれが実際の歴史過程として現実化したことを眼前にする感動を語るのである。この感動から発する言葉は、何を語り出すことになるのか。それは、「大東亜戦争」という世界史の革新行動をいっそうの理念的言辞によって正当化し、根拠づけて、国民を鼓舞煽動する言語を語り出すことでしかない。たとえば西谷は「大東亜戦争」を通じての東亜共栄圏の形成を、第二回座談会のキー・ターム「モラリッシェ・エネルギー」を散りばめながらこう理念づけていくのである。

さういふ民族的統一に立脚しモラリッシェ・エネルギーを含んだ国家が、世界の既成秩序のうちで発展を阻害された場合、そこに旧秩序を破らうとする運動が必然的に起つてくるわけで、……だから広域圏の建設には、経済的自給《アウタルキー》といふことと、それからもつとエレメンタールな生存の保衛といふ国防的な意味とが一つに結びつき、更にその根柢に、建設の主動力である国家の、モラリッシェ・エネルギーがあると思ふ。世界新秩序といふ要求もそれから出てきてゐる。それで経済的と国防的な要素の根柢に民族的要素があり、しかもその民族的要素がモラリッシェ・エネルギーとして、倫理的意義をもって現れてゐる。それが現在の段階だと思ふ。

そしてこの言葉は、当然、次のような国民に対する鼓舞と煽動の言葉をともなっているのである。

モラリッシェ・エネルギーといふものは、一方では国民各自の主体の中へ徹底させられ、他方では世界新秩序といふ世界性へ拡大され、そしてその両方向を結びつけながら、指導国家のエネルギーとならなければならぬ。

昭和日本の戦争を理念づけ、国民を煽動したこうした言葉を、戦時の逸脱として片づけてよいものではない。既成のヨーロッパ的世界秩序に対してアジア的新秩序を唱える日本の行動を道義的に理念づける彼ら京都学派の歴史哲学的言説は、たとえば竹内好に高く評価せしめるような力を現代日本になおもっているのである。*14

5 詩は世界秩序を変革する

日本浪曼派と文学的叛乱

「この時、一切の近代日本の惰性的知識を旧とし、その理論を陋とした、彼らは剣と詩によつて知識と秩序の変革を始めたのである。」

保田與重郎『戴冠詩人の御一人者』

「即ち日本浪曼派の運動は、まさに崩壊せんとしつつあつた日本の体系に対する咏嘆から初つたのである。」

保田與重郎『近代の終焉』

1　昭和とロマン主義的転回

和辻哲郎の『人間の学としての倫理学』（昭和九年刊）を読み返していて私は、昭和の時代精神というべきものにあらためて気づかされた。この書は和辻の主著『倫理学』の体系的な記述のための方法論的な序章としての性格をもっている。彼はここで「倫理」概念を間柄的な人間存在の理法として再構築し、この概念を基にしてアリストテレス以来の西洋倫理学史をいわば脱構築的に読み直していくのである。しかしこの和辻の読み直しの論調は、カントからコーヘンを経てヘーゲルにいたるに及んで一変する。あたかも和辻は一九世紀初頭ドイツのロマン主義的昂揚をヘーゲルらと共にしているかのようである。「ギリシア精神への憧憬」とともに「浪曼主義は再び有機的全体性への眼を開いてくる」と書く和辻は、ヘーゲルが己れの哲学体系によみがえらせた「生ける全体性」を、今度は自分の倫理学体系によみがえらせようとするのである。ヘーゲル・イェーナ期の著作『人倫の体系』の綿密で、共感的な追跡を通じて、やがて和辻『倫理学』中巻（昭和一八年刊）に見る家族から民族・国家にいたる人倫態（人間共同態）の内容豊かな倫理学的記述がもたらされることになるのである。[*1] カントの抽象的普遍からヘーゲルの具体的普遍への転回を、和辻は西洋の個人主義的倫理学《エシックス》から東洋の人間共同態的倫理学への転回として再現していくのである。

昭和前期における文化学の代表的著作ともいいうる和辻『倫理学』の成立をこのように見てくるとき、一九三〇年代昭和の学問、ことに文化学はいわばロマン主義的な転回を通じて成立してくるように思われてくる。新カント派の認識論から歴史哲学へと昭和の哲学的関心も移行し、国家・民族といった人間集団・共同体の問題が昭和の文化系諸学の主題になってくるのである。[*2] まさしく「生ける全体性」が昭和の学的主題となり学的志向ともなるのだ。そして和辻における「生ける全体性」の倫理学的構成と記述とが、東洋の倫理（人倫の理法）とそして論理（空の弁証法・絶対無）とをもって基礎づけられることを知るとき、昭和の文化学におけるロマン主義的な転回が、西から東への地政学的な転回の性格をもつものであることも知れるのである。ところで和辻をも含む京都の西田学派の哲学や倫理学、美学や宗教学、そして歴史学や文化史学などを代表的な学問的舞台としてなされるこのロマン主義的な学の転回と展開とを私がここでいうのは、日本浪曼派あるいは保田與重郎らの文学運動の昭和におけるロマン主義的精神の極限としての性格を見きわめるためでもある。昭和の極北のロマン主義者である保田與重郎らにとって、和辻らの「岩波文化」とは、明治の文明開化が昭和に実現する「植民地文化」に他ならなかったのである。[*3]

2 「剣と詩」の叛乱

保田與重郎は昭和六年（一九三一）に大阪高等学校を卒業し、四月に東大文学部の美学科に入学した。翌昭和七年の三月に保田は、大高の卒業生たちを同人として文芸雑誌『コギト』を創刊する。それは保田二二歳のときであった。昭和九年一〇月の『コギト』三〇号に保田は「「日本浪曼派」広告」を執筆する。「茲に僕ら、文学の運動を否定するために、進んで文学の運動を開始する」と、保田はそこで反語的文学の宣言をしている。そして中谷孝雄、伊東静雄、亀井勝一郎、神保光太郎らと保田が『日本浪曼派』を創刊したのは昭和一〇年三月であった。

いま保田の履歴とともに日本浪曼派運動の成立期をここに記すのは、その成立が昭和のもっとも重く、鬱陶しい時期であったことを知るためである。保田自身もこの時代の重苦しさをくりかえしいっている。「昭和七八年を中心とした時代の青春に遭遇した青年の心情は、その時代が日本の国家が最も悪い状態にあつたゆゑに、前後に比類ない複雑さを作つたと思ふ」[*4]と保田はその成立期を振りかえっていっている。この日本国家の最悪の時代を背景にした日本浪曼派という文学運動の出発時を保田はまたこう回顧している。

> 明治以後の日本の浪曼主義の運動は、この昭和七八年ごろに再び起つたのである。昭和八九年ごろと云へば、六年の満洲事変、昭和七年五月事件、やがて十一年の東京事件につづく期間である。当時の国家の状態は、肉体による詩的表現によつてしか救いがたい位に頽廃してゐたのである。しかもさういう表現は時代を風靡した社会主義によつてされず、日本主義者の詩的挺身によつて

されたのである。この時文学上の新運動は所謂日本浪曼派といふ宣言から出発した。（「我国に於ける浪曼主義の概観」）[*5]

保田自身がここで辿っているように日本国家最悪の時代とは、満洲事変から五・一五事件、そして二・二六事件という事変・事件に点綴された時代である。そして上の回顧を保田が書く昭和一五年八月とは、日華事変の勃発から三年目を迎えた時である。その前年の九月には欧州にあってドイツがポーランドに進撃している。世界大戦はすでに始まっているのだ。日華事変の勃発にいたる昭和のその時期を、日本国家の最悪の時代と保田は回想するのである。恐慌とともに始まった昭和という時代の閉塞感のうちにあった多くの日本人は、満洲事変という形で日本の閉塞的状況を突破した軍部の行動力を称賛した。この軍部の行動を促す内的動因としての日本の国家社会における閉塞感を、保田たち文学派の青年たちは陸軍の青年将校たちと共有していたのである。「当時の国家の状態は、肉体による詩的表現によつてしか救いがたい位に頽廃してゐたのである」という保田の言葉は、日本浪曼派という文学運動の出発時の位相をいろいろな意味で伝えている。まず、軍事的叛乱をもってしか救いえないほどに日本国家の状態は頽廃していたという認識を、彼らは共にしていたことをこの言葉は伝えている。「肉体による詩的表現」という青年将校たちの軍事的叛乱と、〈肉体によらざる詩的表現〉という日本浪曼派の文学運動とを、保田たちはともに日本の頽廃に対する叛乱として同じ位置においたのである。彼らの「詩的表現」の運動とは、肉体によらざる文学的叛乱であった。ここには日本浪曼派という文学運動の根本的な、そして絶対的な政治性がある。

叛乱は日本の現状への嘆きに始まるのである。その嘆きの肉体による表現は青年将校の叛乱であった。保田らはその嘆きをあくまで「詩的表現」たろうとするのである。『戴冠詩人の御一人者』の「緒言」で保田はこういっている。「この時、一切の近代日本の惰性的知識を旧とし、その理論を陋とした、彼らは剣と詩によつて知識と秩序の変革を始めたのである[*6]」と。この「緒言」は彼らの詩的叛乱のマニフェストというべき言葉からなっている。彼らと青年将校たちとの日本への嘆きの共有は、保田に「剣と詩」による「知識と秩序の変革」をいわしめるのである。「詠」も「嘆」もともに言葉を永くして思いを発することである。「嘆く」とは、だから詩歌の始まりなのだ。保田はこの国学的歌学によりながら、日本への嘆きをいま「詩的表現」とし、「詩」的運動として組織しようとするのである。後に保田はいっている。「即ち日本浪曼派の運動は、まさに崩壊せんとしつつあつた日本の体系に対する咏嘆から初つたのである[*7]」と。だがなぜ「詩」的原理による叛乱なのか。それは日本の何を想いながら、現状の何を拒絶しようとする叛乱なのか。

3 「詩」の成立

日本への本質的な嘆きは文学表現（詩的表現）でなければならないという、保田における根本的な、あるいは絶対的な政治性を負った「詩」という文学的表現概念の成立がいま考えられなければならない。ここで絶対的な政治性とは、相対的な政治変革の偽似性を拒絶する文学的な叛乱がもつ政治性である。ロマン派的文学運動、あるいは文学的な革命運動における政治性とは、この絶対的な政治性である。日本浪曼派とは日本における文学的叛乱の純粋な、最初の実例であった。

「戴冠詩人の御一人者」*8で保田は、日本における「詩」の成立を日本武尊の悲劇的な生のうちにとらえている。「さて心に深く感《あは》れと思ふ事あれば、必ず長息《ながいき》をする故に、其意より転じて物に感ずる事を、やがて奈宜久《なげく》とも奈我牟流《ながむる》ともいふ也」*9と、人が嘆くことも、眺めることもみな歌うことと同じく哀れと思う心から生まれると本居宣長は説いていた。この宣長歌学にしたがって、日本への深い嘆きを詩歌の表現行為においてとらえようとする保田は、日本の「詩」の成立を日本武尊の悲劇的生に求めていくのである。この「詩」の成立を求めて保田がする古代への遡及は、国学とともにである。宣長の古学が、さらにその宣長を批判する富士谷御杖の歌学がここで呼び起こされる。彼らを呼び起こしつつなされる保田の「詩」の成立への問いが「倒言の言霊論」であり「言霊の芸術論」である。「今僕らも亦言霊から語る、一体問とは何か、何に問ふものか、説服と説明とは何か、つぎに直言の可能性とは何か、諷とは何か、かういふ順序の論理が理解されようか」と保田は私たちに問いかける。しかしこの問いを含めて、保田の「詩」の成立を語る詩的言語は、私たちによる分析的理解を阻んでいる。その文章はただ同調による反復か、嫌悪による拒絶かのいずれかの選択だけを私たちに迫るようである。保田論は、いつでもそのいずれかでしかない。だが私はここで保田の文章に、あえて私の理解をもって解読的に介入してみよう。解読とは、解きほぐしながらする読解である。いま保田は日本武尊の悲劇を語る。日本武尊の悲劇とは何か。
尊《みこと》はなすべきことをなし、あはれむべきものをあはれみ、かなしむべきものをかなしみ、それでゐて稟質としての美しい徒労にすぎない永久にあこがれ、いつもなし終へないものを見てはそれにせめられてゐた。それはすぐれた資質のものの宿命である。このために言挙《ことあげ》しては罪におちた。しかし尊は詩人であつたから、その悲劇に意味があつた。まことに尊は戦ひのあとの地上の凱旋の如きを軽蔑してゐた。*10

伊吹の山に幸行《いでま》した尊は、山の辺で白き猪に逢う。尊は言挙げしていう。「この白き猪に化《な》れるは、その神の使者《つかい》ぞ。今殺さずとも、還らむ時に殺さむ」（『古事記』中）と。言挙げするとは、憚るべきことをあえて言葉にして発することである。尊は神に真向かい、いうべからざることを言葉にして発するのである。ここに初めて神に真向かい、言挙げした武人日本武尊の悲劇がある。悲劇とは神から別離した武人日本武尊の負わざるをえなかった運命であった。保田は書いている。「この神典時代の最後の英雄にけふの僕らは人間と詩とを発見する。その神よりの分離の時代と、及びその内包した混沌の住家のもつ悲劇の最初の場所を発見する」と。保田があの順序の論理でまずいった「問とは何か」とは、神に別離した人が神に向かって発してしまう問いであり、言挙げである。「お前が神か」と人の直言が発せられる。その直言は神の復讐を生むのである。人の悲劇は神からの別離に始まる。

神からの人の別離とは、自然からの人（人為）の分離でもある。自然から道が、人の道として分離するのである。上つ代にはただ自然《おのずから》の道があっただけだと宣長はいっていた（『直毘霊』）。神と自然から分離した道とは、すでに自然の順序（自ずからの道）ではない。それは人為の政治的秩序であり、それを構成する論理である。人為の秩序とは人間の言葉から成る秩序である。その秩序の言葉とは、人を説服する暴力の言語であらざるをえない。こうして神と自然から離れた人の言葉が、人に復讐することになるのである。日本武尊がその生涯において負わざるをえなかった悲劇とは、神人分離の時代の始まりを告げる英雄の悲劇であった。

だが日本武尊の悲劇の行程は多くの詩歌を残す旅程であった。尊は己れの生涯がになう悲しみを歌に表わしたのである。歌とは神と自然から別離した人の悲しみであり、嘆きであった。英雄日本武尊とは、同時に「戴冠詩人の御一人者」であったのである。だが神と人とが共にあった時代、人は決して神を直言することはなかった。人の直言の暴力は神の復讐を招くのである。神はただ人の倒言のうちにあったのである。とすれば人がうたう歌とは、この神人共生の世の倒言を再生するものであるだろう。「詩」とは、この倒言を再生する人の表現行為としてここに成立するのである。神人分離の悲劇を生きた日本武尊は、その悲しみを「詩」としてわれわれに残したのである。「詩」とは倒言であり、反語《イロニー》である。それは神人分離の己れの嘆きであるとともに、神人共生の本源の己れにおける想起でもあるのだ。「詩」とはその成立から反語的であり、本質的に浪曼的なのである。

4 昭和の文学的叛乱

日本武尊の伝承によって「詩」の成立を解読する保田の文学的、美学的作業は、閉塞的な日本の政治的現状への強い拒絶の意思に裏打ちされている。日本の現状と既成の文化的・知識的体系への弾劾と拒絶、そして本来的な日本への美学的な思慕と回想のこの二つが、日本古典の解読的言説を浪曼派特有のものとして性格づけるのである。だからこそ保田による日本古典の解読は、わが漢《から》的な文化・知識体系の根底的な批判者である宣長国学を呼び起こしつつなされねばならなかったのである。

何ゆゑに、日本の上代が自然であり直な心をもつてゐたか、一体上代とは何か。それら古の宣長の意図は簡単な原始復興ではない、より以上な文化への変革を意味した一箇の秀抜な決意の表現であつた。現代の堕落を見、次に現代の弾劾と摘発、かくて「自然」を上代にみた。同殿共床の思想、血統感の純粋さ、その上つ世に於てはみやびがあつてもかざりは不用であつた。[*11]

現代を弾劾し、既成の支配的文化の根底的な変革をいう国学者宣長は、昭和の既成文化の弾劾者保田によって再発見されるのである。宣長をめぐっていわれるこの言葉は、そのまま保田自身に置き換えられるものである。宣長の上代の「自然」に向かう意図は、とりもなおさず漢《から》的な政治文化体系としてある後世日本の文化革命の決意であったと保田はいっているのである。宣長の「自然」とは、保田においては「詩」である。保田の日本神典における「詩」の発見もまた、昭和日本の陥る現状の根底的な文化革命の決意であったのである。

詩も歌も、人のなげきであった。閉塞する日本へのなげきが、いま文学運動として、「詩」的原理をもって組織されなければならないのである。日本浪曼派という文学運動の成立をいう、さきに引いた保田の言葉を私たちはもう一度ここで見る必要があるだろう。

当時の国家の状態は、肉体による詩的表現によつてしか救いがたい位に頽廃してゐたのである。しかもさういう表現は時代を風靡した社会主義によつてされず、日本主義者の詩的挺身によつてされたのである。この時文学上の新運動は所謂日本浪曼派といふ宣言から出発した。

ここにあるのは「詩」的原理に立つ文学的叛乱としての日本浪曼派の宣言である。「肉体による詩的表現」という昭和の軍事的叛乱を起こしたのは青年将校たちであった。それは昭和維新と呼ばれる軍事的叛乱であった。昭和維新とは、明治維新を今に呼び起こしながらなされた先進国家日本の革新の要求である。明治維新が後進的日本の国家創出のための革新であったのに対し、昭和維新とはすでに世界的国家であるはずの日本の国家再生的革新の要求であった。国粋的原理を呼び起こしつつなされた昭和維新の行動が、世界的日本すなわち帝国日本の革新行動であったことを見落としてはならない。この「肉体による詩的表現」という叛乱を、その挫折とともにかたわらに見ながら保田は純粋に

「詩」の原理に立つ叛乱、文学的叛乱を宣言するのである。これはたしかに世界的国家日本の国粋的原理による軍事的叛乱ではない。だがこれは国粋的文学原理による文学的叛乱であった。だから保田はすでに引いた言葉をもって、上の文章につづけてこういうのである。

即ち日本浪曼派の運動は、まさに崩壊せんとしつつあつた日本の体系に対する詠嘆から初つたのである。だから今でも真の国粋の立場に立つて、我国文芸が真に所在した場所に於て文芸を考へ、文芸にうつされた千古の悲願に身命をよせてゐるのは、この派の人々である。時代に対する絶望を生きぬくために、文芸の我国に於けるあり方を発見したといふことが、その最大の身上であると私は考へる。*12

現代日本の政治的・文化的体系に対し絶望する青年たちの、この絶望を生きぬくあり方が国粋の「詩」的原理による叛乱、すなわち日本浪曼派の文学運動だというのである。だが青年将校の軍事的叛乱が世界的国家日本の国粋的な再建をめざした運動であったように、保田らの文学的叛乱も世界的国家日本の国粋的な再生をめざした文学運動であった。昭和日本のナショナリズムは、世界秩序のアジア的再編をめざす日本帝国と、その世界への志向を共有しているのである。昭和日本の国粋主義は、昭和という世界史の時代の国粋主義であったのである。保田がわが神典に見出す「詩」的原理は、世界秩序を変革する原理でもあるのだ。保田は『戴冠詩人の御一人者』の「緒言」で、「我らの歴史と民族との英雄と詩人に描かれた、日本の美の理想は、今こそ我らの少年少女の心にうつされねばならない」といい、それに次のような言葉を続けている。

今日世界に於て唯一に浪曼的なもの、理念をもつもの、未だ形式をもたなかつたもの、世界の秩序を変革するもの、混沌の原始を住家とするもの、それらはただ日本に集る。しかも日本は始めて浪曼時代を経験し、アジアは昔日の光栄を恢復するであらう。

ここで「浪曼的なもの」「理念をもつもの」などなどといわれているのは、保田において「詩的なもの」のコノテイションである。わが日本神典に保田が見出す「詩」の原理とは、「世界の秩序を変革するもの」でもあるのだ。なぜなのか。だがそのように問うても、保田はこの言葉以上のものを答えとして私たちに与えることはしない。私たちは昭和一三年（一九三八）の日本における文学的叛乱の詩的言語をもってする戦略を、ここにじっくりと眺めてみるしかないのである。だが仔細にこれを見つめれば、この言葉が日華事変一年目における日本の一詩人の想念を意外にリアルに伝えるものであることを知ることができるだろう。それは『蒙疆』の旅における保田の、「わが浪曼的日本の拓かうとしつつある新しい世紀を作る世界交通路を行くことに、感動と光栄を味つたものである*13」という言葉に真っ直ぐ連なるものである。*13

5　自然主義はなぜ否定されるのか

では保田ら日本浪曼派の青年たちが拒絶する既成日本の文化・知識体系とは何であったのか。明治の文明開化が生み出した嫡子の身ながら、しかしすでにその終焉の堕落形態を見せている文明的日本の文化・知識体系の総体を保田が「植民地性」をもってはっきりと指弾するにいたるのは、日華事変が世界戦争にまさに移ろうとするとする昭和一六年という時期においてである。だが成立期の日本浪曼派の文学運動がまず否認しようとしたのは、日本近代の自然主義的文学とその運動であった。保田らによって自然主義はなぜ、どのように否認されたのか。『近代の終焉』で保田がする自然主義否認の語りは、浪曼派運動成立期への回顧の形をとったものである。[*14] だがこの回顧によって、「なぜ自然主義は否定されるのか」という彼ら自身においても必ずしも明らかではない、後の私たちにとっては一層分かりにくい事態が理解可能な形で語り直されている。

自然主義は戦後（日露戦後・引用者注）人心の帰趨に立脚し、なほその上に一つの生活の規模への修身的反省が原因となつたのである。それは国民の民衆生活を世界の規模で反省した一つの現れである。……自然主義は主としてフランス十九世紀作家の影響と云はれているが、（明治）二十年代の文学が、日本主義を標識しつつ、反って文明開化的近代の感覚を造形したのに反し、自然主義の方はむしろ日本の半封建的生活の残存に、その文学の基礎をおいたのである。つまり堂々たる国民の理想を先駆する代りに生活の悲哀と暗黒をより所とした。」(「我国に於ける浪曼主義の概観」)

云ふ迄もなく自然主義といふものは、日露戦争の不完全勝利から起つた運動であるが、それはその事実を以て国家の光栄への運動と展開する代りに悲惨の確認へ導いた。……自然主義の文化センスは焼打事件のインテリゲンチャ的表現であつただけに、一歩一歩悲惨から悲惨への自己討究に陥つたのである。それを文化の面から云へば、後進国日本の確認に安心を味ひ、日本を欧米文化の植民地地帯化する情勢に対応し又反目しつつも、いくらかの自己虐待の満足を味つたのである。(「自然主義文化感覚の否定のために」)

これは日露戦後日本における自然主義的文学の成立をめぐる実に興味ある記述である。この保田のとらえ方にしたがえば、自然主義的文学の成立基盤であるのは、日本マルクス主義のいわゆる講座派的な視角における日本近代社会、すなわち半封建的な性格をもって特質づけられる日本近代社会だということになる。自然主義派の文学とは、この半封建的社会構造から生み出される日本的悲惨のいわば自己確認としての文学だと保田はいっているのである。自然主義とはしたがって後進国日本の文学的確認によって安心感をえるような、自虐的で、自己満足的な文学態度だというのだ。さらに保田はこの自然主義的な文学運動の成立を日露戦争の戦後社会に位置づけていている。自然主義者はこの戦後社会を、国家的栄光に代えて日本的悲惨の確認の場にしていったと保田はいうのである。日露戦争の戦後とは日比谷焼打ち事件（一九〇五）から足尾暴動（一九〇七）を経て、大逆事件（一九一〇）にいたる明治国家の栄光の末期《まつご》というべき時代であり、同時にそれは二〇世紀日本の始まりをなす時代であった。大逆事件の一九一〇年とは、韓国が日本帝国に併合された年である。まさしくこの日本帝国がその内実としてもつ社会的悲惨を、自然主義は己れの文学の成立基盤にしたと保田はいっているのである。この日本帝国をコミンテルンは、半封建的な土地所有に基礎を置いた天皇制的国家、すなわち東洋の封建的遺制をとどめる後進的資本主義国と規定したのである。私はいまダジャレとしてコミンテルンの三二年テーゼを引き合いに出しているのではない。保田らのロマン主義的な文学的な叛乱は、このテーゼをひっくり返そうとしているのである。東洋的停滞と専制の王国をいうのはヘーゲルだけではない、コミンテルンもまたそうなのである。

ところで日本的悲惨を成立基盤にした自然主義文学は、一種の自然主義的な文化感覚を現代日本に生み出したと保田はいっている。

かういふ自然主義的文化センスは、日本の現状から、一種の質実と見えた点に於て、日本の文化にとつて無慙なものであつた。殆んど九十九パーセントの青年は、この質実素樸の粧ひを土俗の反省の上でも見せかけてゐた自然主義のまへで、戦後の人心のインテリゲンチヤ的反映を感じ、その圧力から身を外におくことは出来なかつた。

それは未曾有な奔流をなして世界といふ考へ方を手近なものとしたマルクス主義運動の場合にさへ、その運動はその傘下の青年から自然主義を掃除し得なかつたのである。（「自然主義文化感覚の否定のために」）

ここで保田に指弾されているのは、半封建的な日本社会という後進国的規定を自分のもの、すなわち自己認識なり自己規制にしてしまった二〇世紀日本人の文化的感覚なり、エートスである。それは後進的社会の悲惨をただ確認して自己満足するだけの精神的、知的低迷として保田らにとらえられたのである。昭和恐慌から始まる手詰まり的な一九三〇年代日本社会の文学派の青年たちは、まずこの自然主義に対する攻撃を、浪曼主義の旗幟を掲げて開始したのである。彼らは自然主義が日本的悲惨を土俗主義的にたえず再生している文化的再生産サイクルから日本を奪い返そうとしたのである。高貴な古典日本が、彼らの文学的な叛乱の原理であり方法である「詩」とともに再発見されなければならなかったのである。

昭和における「詩」的叛乱として、日本浪曼派文学運動の成立を辿り直す私の作業は、ひとまずここで終えたい。最後にもう一度保田の言葉を引いておこう。

即ち日本浪曼派の運動は、まさに崩壊せんとしつつあつた日本の体系に対する詠嘆から初つたのである。だから今でも真の国粋の立場に立つて、我国文芸が真に所在した場所に於て文芸を考へ、文芸にうつされた千古の悲願に身命をよせてゐるのは、この派の人々である。時代に対する絶望を生きぬくために、文芸の我国に於けるあり方を発見したといふことが、その最大の身上であると私は考へる。

付記として。保田の浪曼派的言説は「大東亜戦争」とともに、文学的な反語性を失い、戦争をする〈浪曼的〉国家と一体化していく。「破壊と建設を同時的に確保した自由な日本のイロニー」(「我国に於ける浪曼主義の概観」)と保田はいうが、破壊し、建設する〈浪曼的〉戦争国家日本と文学的主体を一体化させたとき、「自由な日本のイロニー」などは保田の言説のどこにもない。保田が「日本のイロニー」としての反語的な日本の言説(日本は日本であって、日本ではない)のあり方を再生させるというよりは、むしろ初めて見せるのは敗戦後の言説においてである。日本の敗戦は、反語としてしか日本を語りえないものにしたのである。竹内好の反語としてのアジア主義的な言説に重なるのは、敗戦後の保田の反語的日本主義の言説である。たとえば、「アジア或ひは日本に於て、近代の生活をなすことは、可能であるか、その問に平気で可能と答へ実現しようと思ふ者は、その時如何なる道義上の犯罪をなしてゐるか、といふことを反省する必要がある」という言葉は、竹内のものか、保田のものか区別がつかないだろう。これは保田の「農村記」(昭和二四)[*15]におけるものである。「反語としての日本―保田與重郎における戦時と戦後」があらためて私によって書かれなければならないことを、本稿の付記としてここにのべておきたい。

II

6 東亜と「日本的平和《パックス・ニッポニカ》」の構想

帝国の冀求は東亜永遠の安定にあり

「東亜の終極的な平和を齎すべき「東亜における新秩序」の人柱となることは、この人々の望むところであるに違ひないのである。」

尾崎秀実「東亜協同体の理念とその成立の客観的基礎」

「平和の輸出は必ずや戦争を意味する。」

イバン・イリイチ「平和とは人間の生き方」

1　「新秩序」声明と「協同体」理論

「東亜協同体論の抬頭を見たのは昨年の秋から冬にかけてである」と、新明正道は東亜協同体論の動向を論じた文章[*1]の冒頭でいっている。新明のこの文章が書かれたのは昭和一四年（一九三九）のことであるから、東亜協同体論がわが言論界に登場したのはその前年、すなわち昭和一三年の秋から冬にかけてだということになる。東亜協同体の理論の成立をめぐって、私が新明の指摘によりながらこのようにいうのは、この理論のプライオリティが誰れのどの論文にあるかを決定するためではない。東アジアの時局、端的にいえば中国における「支那事変」と呼ばれた戦争の勃発とその推移に規定されている東亜協同体論は、はっきりとその成立の時期をもっていることをいいたいためである。その時期とは新明がいうように昭和一三年の秋から冬にかけてである。それは事変が勃発した昭和一二年の夏でも秋でもない。事変勃発後一年余を経た時期であるのだ。

昭和一三年一一月三日にいわゆる「東亜新秩序」声明、すなわち近衛内閣の事変処理をめぐる第二次声明が発表された。そこでは、「帝国の冀求するところは、東亜永遠の安定を確保すべき新秩序の建設にあり。今次征戦究極の目的もまたここに存す」と、東亜の究極的な安定と平和をもたらすべき新秩序の建設にこそ、中国における日本の戦争行為の真の目的があると言明されている。その声明はさらに中国国民と国民政府に向けて、「帝国は、支那国民が能く我が真意を理解し、もって帝国の協力に応えんことを期待す。もとより国民政府といえども、従来の指導政策を一擲し、その人的構成を改替して更生の実を挙げ、新秩序の建設に来り参ずるにおいては、あえてこれを拒否するものにあらず」[*2]と呼びかけている。なお近衛首相はこの第二次声明に続いて第三次声明をその年の一二月二三日に発表している。そこでは、「日本があえて大軍を動かせる真意に徹するならば、日本の支那に求むるものが区々たる領土にあらず、また戦費の賠償にあらざることは自ら明らかである。日本は実に、支那が新秩序建設の分担者としての職能を実行するに必要なる最小限の保障を要求せんとするものである」と、日本の軍事行動はいわゆる領土支配的な戦争目的に出るものではないといい、「日本は、支那の主権を尊重するはもとより、進んで支那の独立完成のために必要とする治外法権を撤廃し、かつ租界の返還に対して積極的なる考慮を払うに吝かならざるものである」とのべているのである。東亜協同体論の成立は、時期的にも、内容的にも近衛のこの第二次、第三次声明と不可分である。

　東亜協同体論の成立時期を昭和一三年の秋から冬という新明正道は、当然、この理論と「東亜新秩序」声明との分かちがたい関係をいっている。「東亜協同体論の基調は、作冬の近衛声明の内容とするところに一致してゐる。……東亜協同体論の理論的に基礎づけようとするものはこの声明に示唆された新秩序の組織に他ならない」と。新明はこのように東亜協同体論と「東亜新秩序」声明との間にある、成立時期の問題をこえる重要な内的な関係をいっている。たしかに東亜協同体論の理論的な成立をはっきりと告げる論文、蝋山政道の「東亜協同体の理論」は『改造』の昭和一三年一一月号に、そして三木清の「東亜思想の根拠」もやはり『改造』の同年一二月号に掲載されたのである。蝋山と三木とが、ともに近衛首相のブレイン組織である昭和研究会の有力メンバーであったことを思えば、声明と理論との間には新明がいうような、「新秩序」論を基礎づけ、敷衍する「協同体」論といった関係にあったことは確かであろう。私がこのように、中国大陸における日本の軍事行動を東亜の恒久平和のためという「東亜新秩序」声明と、それを支持し、理論的に敷衍する「東亜協同体」論という関係図式を確認しながら考えようとするのは、中国における事変という戦争への昭和知識人による理論的関与の意味である。中国における戦争は彼らによっていかに意味づけられたのか。

2 昭和一三年という年

東亜協同体論が成立するのは、昭和一三年（一九三八）の秋から冬にかけてであることは、上に見た通りである。しかし事変勃発の翌年である昭和一三年とは、どのような時局であったのか。昭和一二年一二月一三日、日本軍は南京を占領した。この大規模な虐殺をともなった南京占領が、日本軍における軍事的戦略と中央的統制とのまったくの欠如を告げるものであると私たちが知ったのは、戦後になってである。南京占領は、和平交渉の相手としてきた蔣介石国民党を抗日の側に決定的に追いやってしまった。だが当時の日本人は、南京陥落の報を歓呼をもって迎え、提灯行列をくりだして喜んだのである。それは私の幼年時における最初の事変体験であった。ドイツ駐華大使トラウトマンの和平工作はかくて不調に終わる。翌昭和一三年一月一六日に日本政府はこの和平工作の打ち切りを通告し、「爾後国民政府を対手とせず、帝国と真に提携するにたる新興支那政権の成立発展を期待」するという近衛声明を発表する。この第一次近衛声明は、日中戦争の戻ることのできない起点をなすものだと、十五年戦争史を記述する大杉一雄はいっている。

かくして日本は日中戦争早期解決の最後のチャンスを失った。以後日本は戦線をさらに拡大するとともに、占領地に傀儡政権の樹立に努めるが、当然のことながら失敗し、日中戦争は泥沼化してついに悲劇の大戦争に突入することとなる。すなわち蔣介石に絶縁状をつきつけたこの一月一六日は、日中戦争のポイント・オブ・ノー・リターンであるといえるのである。[*3]

南京は、日本の国民も兵士も期待した終わりではなかった。中国の戦線はさらに拡大した。従軍作家石川達三は小説「武漢作戦」[*4]でこう書いている。「南京に駐屯して和平交渉の不成功に帰するまで一ヶ月以上も休養し退屈してゐた兵士たちは、改めて荷物を梱包しゲートルを捲きなほして第二段の戦闘に向はなければならなかつた。徐州へ！」この石川の従軍小説を載せているのは、『改造』昭和一四年新年号である。この新年号には、尾崎秀実の「「東亜協同体」の理念とその成立の客観的基礎」が巻頭論文として掲載されているのである。これらはすべて「東亜協同体」理論の成立事情をめぐる状況証拠である。日本軍が武漢三鎮を占領したのは、昭和一三年一〇月二七日であった。その六日後の一一月三日に近衛の「東亜新秩序」声明が発表されるのである。そして汪兆銘が重慶を脱出し、ハノイに到着したのが、その年の暮れも押し迫った一二月二〇日である。その二日後の二二日に近衛の和平三原則を謳った第三次声明が発表される。なお『改造』の昭和一三年一〇月号が載せる毛沢東の「持久戦論」[*5]の講演が延安でなされたのは、その年の五月二六日から六月三日にかけてであった。ちなみに日本の陸軍中央部が進攻作戦を打ち切り、戦略的持久に切り換えたのはその年の一二月六日である。東亜協同体論はこのような時局にあった昭和一三年という年の秋から冬にかけて形成されるのである。

昭和一三年の「東亜新秩序」の声明と「東亜協同体」の理論とが公表されるにいたるまでのこの時間の経過、中国における戦争の展開の上でいえば南京の占領から武漢三鎮の占領にいたるまでのこの経過は、この声明なり理論の立案的当事者にとっては何を意味するのか。尾崎秀実は東亜協同体論の成立をめぐる上に挙げた論文の冒頭の章で、「事変の初めに於てはもとより、南京陥落、おそらくは徐州戦前に於ては未だこの言葉は現実の問題となり得なかつたところであらう」[*6]といっている。日本の大本営が徐州作戦を発令するのは昭和一三年四月七日である。ちなみに大本営が設置されたのは南京占領の直前、昭和一二年一一月二〇日である。[*7]東亜協同体論の成立、あるいはその理論の現実化が、事変の一定の経過をふまえたものであるということは、何を意味するのか。尾崎はそれを、「支那における民族の問題を再認識」するに要した時間だとしているのである。尾崎は、しかしこの民族の問題とは、静態的に見られたものではなく、動態としての民族の問題であり、むしろ現在中国における「民族の動向」というべき問題だという。民族問題が「民族の動向」の問題だといえば、それは日本の「支那事変」と呼ぶ戦争が中国にまさしく顕在化させ、生起させている問題にほかならないということになる。尾崎はこういっている。

低い経済力と、不完全な政治体制と、劣弱な軍隊を持つ支那が、とにもかくにも今日迄頑張り続けてゐる謎は実にこの民族の問題にあるのである。これは単に国家的規模に就いてのみではない。問題のゲリラ戦の戦士は勿論、一切の政治的勢力と不協同の態度を以て、ただ大地のみを相手にしてゐるかの如き農夫や、街頭のルンペン少年にいたるまでそれぞれの形をもつて貫いてゐる問題なのである。

さらに尾崎は言葉を続け、日本は中国の民衆を敵として戦うつもりはなく、「誤れる政策を固持する国民政府に打撃」を加える目的で戦ってきた、ところが「支那側は始めから国運を賭しての民族戦であると考へ行動し」ているのだといっている。この事変には国運を賭して民族戦を戦う中国とその民衆がいると尾崎はいっているのである。日本人がこの中国の「民族の動向」に直面し、その重大性を再認識するに要したのが、事変勃発から徐州戦にいたる時間だというのである。この時間とは、事変が全面戦争の様相をとりながら、その戦争の質と量とを増大させていった経過である。すでに戦争なのだ。さきに触れたように日本軍部は統帥権を手中にし、大本営をすでに設置しているのである。「支那事変」のまさしく「日中戦争」としての進展が、中国に抗戦主体としての民族とその意識とを広範囲に作り出しているのである。だから前に引いた石川達三は小説「武漢作戦」をこう書き始めている。「蔣介石の抗日容共政策をやめさせる為に日本政府はあらゆる外交工作を尽してもみたし多額の費用をも使つた、結局なんの利益をも齎らさなかつた。支那は日に月に抗戦準備をととのへ民衆の団結も強くなつてゐた。戦争は必至の状態であつた」と。従軍作家石川達三にとって中国における「事変」とは、抗戦主体を民衆レベルで形成しつつある蔣介石とその政府を相手にした「戦争」であり、その「戦争」の第二段階がいま始まると認識されていたのである。

昭和一二年七月七日、盧溝橋の銃声とともに始まった「支那事変」は、民族的抗戦主体を中国にいっそう強固に作り出しながら、全面的な「日中戦争」として展開されていったのである。昭和一三年とは、中国における戦争と民族問題の深化とをともに日本人につきつけた年である。

3　「新秩序」とは何か

尾崎は東亜協同体論の成立にとって、中国の民族問題の再認識が必要であったといっていた。「支那事変」の帰趨に決定的な影響を与える民族問題の出現とは、同時に事変がすでに戦争であることをはっきり告げるものであった。中国にはすでに日本の事変的な処理対象をこえた民族的抗戦主体が存在するにいたっているということである。たしかに日本にとっても中国の事変はすでに陸軍地上兵力二四個師団一〇〇万人を動員せねばならない未曾有の戦争であった。事変がすでに戦争であるこの事態こそ、「東亜新秩序」声明と「東亜協同体」理論とを要請しているのである。戦争こそが秩序と安定の理念を要求しているのだ。

蝋山政道は「東亜協同体の理論」を『改造』の昭和一三年一一月号に掲載するが、彼はその同じ月の『文藝春秋』に「事変処理と大陸経営の要諦」をも発表している。彼はそこで「事変処理」は、「九ヶ国条約の過誤を根本的に改訂することを以てその根本方針とすることに帰着する。そうして、新原理に基く新方策を提示するにある」*8とのべている。国際政治学者蝋山は、「支那事変」処理の方策は、中国の主権尊重と中国に対する機会均等・門戸開放を規定したワシントンの九ヶ国条約（一九二二年）の過誤の訂正としての新原理に立った方策でなければならないといっているのである。しかし日本はすでに一九三七年一一月にブリュッセルで開かれた「支那事変」をめぐる九ヶ国会議への参加を拒否し、九ヶ国条約を破棄しているのである。それからすれば、蝋山のいうような九ヶ国条約の過誤の改訂などは、何をいまさらといえなくはない。だが蝋山がいうのは、第一次大戦後の戦後世界を規定してきたヴェルサイユ・ワシントン体制と呼ばれる世界秩序と、その構成原理の改訂がいまこそ必要だということであるのだ。すなわち「支那事変」の処理は、既存の世界秩序の構成原理を改訂する新原理と、その新原理からなる世界の「新秩序」をもってしなければならないというのである。

世界の新たな構成原理とそれからなる世界の「新秩序」をもって処理されねばならないのは、もはや「事変」ではない、「戦争」である。しかもそれは「世界戦争」である。昭和一三年（一九三八）における日本のあの声明と理論とに対して蝋山がもっている意味とは、「支那事変」を「世界戦争」という国際的文脈においてとらえ、その上で「事変処理」策を世界の新原理に立つ「新秩序」構想として提示することの必要を説いたところにある。もちろん彼のいう「事変処理」策とは、事変を終結させる方策ではない。武漢三鎮の攻略をもって事変は終わるものではない、むしろ新たな段階に入ったと認識すべきだと蝋山もいっている。「今や戦局が武漢三鎮に発展するに至つて、時間的にも空間的にも、支那事変の構造が全面的に現れて来た。従つて、一頃のやうに、何人も事変が単純に終熄するといふやうな根拠のない考へをしなくなつたと共に、事変目的や事変処理に対する確乎とした認識と心構へを有たねばならぬといふ考へになつて来た」と。ここで蝋山がいうのは、事変はすでに「事変処理」として対応できるものではなくなったということである。事変は世界の「新秩序」の建設プランのなかで処理すべき、世界戦争の東亜的局面という性格なり構造を見せてきているというのである。「新秩序」とはそれゆえ、この世界戦争の東亜的局面が見せている構造に対応して構想されるものであるのだ。蝋山はその一年後、すでに始まった欧州大戦をふまえ、「東亜と世界との構造的関聯」を分析して「世界新秩序の展望」[*9]を書いている。欧州の新情勢をもたらす構造的な原因との連関から、蝋山は「新秩序の核心となる問題は、二つの側面に分たれる」という。その一は、「その特定地域に対する態度又は関係を異にする帝国主義列国の要求又は方策の調整」である。その二は、「その特定地域の民族国家への要求又は翼望の存在である」と蝋山はいう。東亜という特定地域の具体的な問題に引き戻していえば、第一に、中国に対する帝国主義諸国の関係は、機会均等という均一な関係をもって規定されてよいのか。中国に対して地政学的に特殊な近接性をもつ後進帝国主義国である日本は、英米と区別されてしかるべきだということである。第二に、中国の民族主義はすでに自立的民族国家を形成する段階に達している。この中国に既成の列強中心的世界秩序（ワシントン体制）をもって対することはできないということである。しかしこの第一の側面の内部にも対立があり、さらに両箇の側面間にはより大きな対立がある。にもかかわらず東亜の「新秩序」とは、この両箇をもって一つとした新たな東亜地域の体制であるのだ。

> 而して、この二つの側面を一箇の新秩序として解決することは、その両箇の要求を争ひを通して同時的に調停することに外ならない。換言すれば民族的要望を無視せずして、帝国主義的段階に到達したる国家の国外的発展が許容せられる新体制を新秩序と言ふのである。

これほどはっきりと「新秩序」構想の内包する矛盾と、なおそれを一つの体制として相手に押しつけようとする帝国主義国の虫のよさとを見せた文章を私は知らない。その意味でも蝋山のこの文章は貴重である。「新秩序」を構成する二つの側面は矛盾し、対立している。だからそれを押して一つの新体制をもたらすことは、「争ひを通して同時的に調停することに外ならない」のである。帝国による安定的秩序の提示とは、片手に剣をもって脅しながら、平和を唱えることである。これは昭和一三年の日本帝国の場合だけではない、二一世紀の帝国もそうである。だが「新秩序」が要求されているのは、旧秩序をもってしては対処しえない契機がそこに存在するからである。それは後進国の民族主義的要求である。それこそ帝国主義国間の調停的秩序と既成の国家間関係とを限界づけ、否定している国際的契機であるのだ。

「東亜新秩序」とは、帝国主義国日本がはじめて中国民族主義に向き合って提示した東亜地域の安定的秩序のための政治的プランである。

4 「日本的平和《パックス・ニッポニカ》」の構想

最近私は必要があってイバン・イリイチの著作を読んでいる。琉球の問題を、イリイチの開発論をふまえて考える必要があったからである。*10 先進国によって推進される開発とは、それを押しつけられるいわゆる低開発国の住民にとっては自分たちの生活とその環境の荒廃でしかないとイリイチはいうのである。だが彼の開発論がもつ重要さは、開発が先進的大国による対外的政策であるように、平和もまた大国の対外的政策として見ているところにある。平和という秩序もまた先進的大国によって強制されるのである。開発の押しつけが荒廃をもたらすように、強制される平和とは戦争を意味するのである。イリイチは一九八〇年に横浜で開催されたアジア平和研究国際会議の講演で、平和研究の基本原理をまず提示している。その原理とは、「戦争にはすべての文化を同一化する傾向があるが、平和は、それぞれの文化に独自の、他とは比較できない方法で花を開かせることを可能にする」ということである。この原理から次のことが導かれるとイリイチはいうのである。

> 平和とは輸出できるものではないということである。移転される、平和は必ずだめになってしまう。平和の輸出は必ずや戦争を意味する。[*11]

この言葉は私にとって衝撃的であった。平和《へいわ》とはそれぞれの住民が平穏に生活できることである。それは輸出されたり、強制されたりするものではない。だが平和は輸出されるのである。輸出される平和とは、いわゆる「帝国の平和」である。それは裏側に戦争をもった平和である。押しつけられる平和とは戦争であることを、私ははじめて深く覚ったのである。「帝国の平和《パックス》」の別名は戦争であるというイリイチのこの指摘は、私がいましている「昭和イデオロギー批判」という昭和史の読み直しに、さらなる読み直しを迫るものであった。私はいまここで、昭和日本による「東亜新秩序」という東亜の恒久平和の提案を、この「帝国の平和」論の視点から読み直しているのである。

昭和一三年一一月三日、近衛首相は抗戦する中国の国民政府と国民に向けて、「帝国の冀求するところは、東亜永遠の安定を確保すべき新秩序の建設にあり」という「東亜新秩序」声明を発表した（傍点は引用者）。同時にこの「新秩序」声明を理論的に支持し、敷衍する役割を負う蝋山政道は、この事変を「聖戦」とし、「聖戦」であることの意義を、「東亜に新秩序を建設せんとする道義的目的を有してゐるのである。換言すれば、東洋の恒久的平和を可能ならしめ、その保障を齎らさん為である」（「東亜協同体の理論」）[12]と説いたのである。「東亜新秩序」とは、日本帝国による東亜地域の平和プラン、すなわち東亜の「日本的平和《パックス・ニッポニカ》」の構想である。しかもこの平和プランは中国に向けて、中国が受容することを要求して発せられたものである。中国における事変という戦争が「聖戦」であるのは、それが東亜の安定的秩序と恒久的平和を実現するものであるからである。中国に勃発する事変が、民族的抗戦主体を相手にした戦争になったとき、帝国の戦争は帝国の平和プランを要請するのである。目的としての平和は戦争を「聖戦」として正当化する。同時にその平和プランは、新たな秩序のうちに抗戦相手をも位置づけ、包摂する新体制の建設プランでなければならない。したがって「東亜新秩序」という「日本的平和《パックス・ニッポニカ》」のプランは、「東亜協同体」という東亜諸民族協和の新体制として理論的に敷衍化されねばならないのである。

5　彼らのプライオリティとは何か

「日本的平和《パックス・ニッポニカ》」を理論的に肉づける作業、すなわち東亜協同体論の形成に蝋山政道・三木清をはじめとするかなりの知識人たちが関与した。その中には尾崎秀実や船山信一、三枝博音などがいる。[13]
これらマルクス主義系の左翼に分類される知識人がこの理論形成に関与したのは、この東亜新体制論には自国の帝国主義的体制について改革的に言及する余地があったからである。民族主義的抗戦主体として自らを形成しつつある中国を交戦＝交渉相手とするところから作られる東亜新体制は、その民族主義的中国をも包摂しうる協同体的世界として構想されなければならない。日本はその協同体的世界を自国の帝国主義を止揚することなくして主導することは原理的にはできない。近衛首相が帝国は「区々たる領土」への野心をもたずと声明したように、東亜協同体を主導しようとする日本は帝国主義的であることはできないのである。三木たちが東亜協同体論に関与しようとし、関与することができたのはこの点においてである。

東亜協同体は本質的に白人に対しても門戸の開かれたものでなければならず、ただその帝国主義的侵入を許さないのである。東亜協同体の建設を目標とする日本みづからも同様に帝国主義的であることはできぬ。しかるに帝国主義の問題は資本主義の問題である。かくて東洋の統一といふ空間的な問題と資本主義の解決といふ時間的な問題とは必然的に一つに結びついてゐる。(「東洋思想の根拠」)[*14]

日本は「東亜新秩序」という東亜の平和プランにおいて、「帝国主義的であることはできぬ」と三木はいう。だがこの平和プランは協同に制作されるものではない。日本帝国から中国に向けて一方的に発せられる平和プランである。押しつける平和プランとは、押しつけられた側からすれば戦争プランである。だからこのプランの構想者自身が、「新秩序」は戦いを通じてのみ実現するといっているのである。とすれば三木たちのこの平和プランへの関与は何を意味するのか。建設途上の新たな民族主義的中国への配慮をいいながら三木が、「しかしながらかやうに民族的に統一された支那が如何なる新しい政治的構成を有すべきかは、東亜協同体といふ新しい見地から考へらるべきことである。なぜなら単なる民族主義の立場においては東亜協同体の建設は不可能に属するからである」（傍点は引用者）というのを見れば、三木の東亜協同体論も日本帝国の安定的秩序に中国を包摂しようとする「帝国の平和（戦争）」プランであることは明らかだし、それであるしかないのだ。三木たちよりはるかに冷徹にこの平和プランの現実の戦争過程における意味をとらえていた尾崎秀実は、「なほ当分は民族的抗争を試みる支那に対してコーランと剣との様式における闘争が絶対に避け得られないであらう」*15といっている。東亜協同体論が帝国の平和プランであるとともに戦争プランでもあることを、尾崎ははっきりと認識しているのである。だから彼は、「民族問題の深いところでの解決を目標として出発した「東亜協同体」論はその推弘と発展のためにはまづ民族的闘争を或る期間続けなければならない運命におかれてゐることを知るべきである」ともいうのである。

　三木たちの東亜協同体論におけるプライオリティはいったいどこにあるのか。それは日本の帝国主義的体制の改革に言及した革新性にあるのだろうか。だが三木たちのそうした言及が、「帝国の平和（戦争）」プランの左翼的脚色に過ぎなかったことは上に見た通りである。彼らのプライオリティはむしろその点に、すなわち日本帝国の対外的な平和プランの最初の理論的な脚色者であったところにあるとみなすべきだろう。だからこそ「東アジア共同体」という二一世紀アジアの新・平和プランが現実味をもって論じられている現在、三木たちの最初のプランがしきりに回想されたりしているのである。

7

宣戦になぜかくも感動したのか

「支那事変」と「大東亜戦争」との間

「大東亜永遠平和の道は、すでに、帝国の剣によつて開かれた。アジアの安定は、揺ぎない礎を置かれたのである。」

斎藤忠「共存共栄の原則」*1

「輝し大東亜生るる胎動は今し極り対米英開戦す」

八代かのえ（医院婦長・歌人）

1　一二月八日

例によって古書市で昭和一〇年代の雑誌などを渉猟していた私は、住谷悦治の『大東亜共栄圏植民論』[*2]という本をみつけた。その著者名とともに大東亜共栄圏を植民論として論じる視点が気になって購入した。しばらく放っておいたこの本を、この稿を構想しながらあらためて取り出して見て私は驚くとともに、考え込んだ。開巻の第一頁から「宣戦の大詔」奉戴の感動を記した言葉が連ねられているのだ。昭和一七年というその本の刊行年からすれば、それは当たり前のことだといわれるかもしれない。しかし吉野作造の門下で、戦後日本の民主主義・平和主義の有力な発言者として私などもその名を知る住谷が、米英に対する宣戦に接して「恐懼感激に堪へぬ」と感動の文章を記していることを知って、あらためて考えさせられた。昭和一六年一二月八日とは日本人にとって何であったのかを。

宣戦の大詔が煥発せられるとともに、一億国民の向ふべき処は炳《へい》として天日の如く明かになり、すでにそこには寸毫の狐疑も逡巡もあるべき筈がなくなつた。満洲事変以後十年間、支那事変を経て大東亜の黎明を感じたわれら日本人は、十二月八日の大詔を拝するに及んで、新東亜誕生への光明に、痛きまで身心に感激を覚えたのである。

住谷は第一章「宣戦大詔と大東亜建設の意義」でこのように書き、その章末に宣戦の詔勅を戴して詠まれた歌を、「われわれの感激をもつとも如実・率直に表現し、繰返し読むも尚ほ感激を新にするものをば、心打たるるままに」掲げるとして、三人の歌人の二十数首の歌を記している。そのいくつかをここに引いてみよう。

「耐へに耐へこらへ来まししし大み心のらせ給へば涙落ちにけり」
「創造の戦《いくさ》をわれら戦へり大東亜遂に一つに挙《こぞ》らむ」
吉植庄亮（代議士・歌人）

「輝し大東亜生るる胎動は今し極り対米英開戦す」
「太平洋に血飛沫《ちしぶき》しぶく今日の日に脈博《う》つをきく民族の魂」
八代かのえ（医院婦長・歌人）

「南の洋《うみ》に大き御軍《みいくさ》進むとき富士が嶺《ね》白く光りてしづもる」
「ひたぶるの命たぎちて突き進む皇軍のまへにＡＢＣＤ陣空し」
南原繁（東大法学部教授・歌人）

皇国の大事に当たって歌人たるもの必ずこのように詠んでしまう、日本歌人のこの宿命ともいうべき性格を考えながらも、ここに南原繁の名前を見出して私は、この本の著者住谷悦治の名前に感じたと同様の感慨をいだかざるをえなかった。一二月八日の宣戦の大詔は、南原にもこれらの歌を詠ませるような深い感動をもたらしていたのである。だが私がここに住谷や南原の名前を挙げていうのは、戦時の彼らの言動によって戦後の彼らの活躍にケチをつけたりするためでは決してない。一二月八日の開戦の報道は、ほとんどの日本人を大きな感動の渦のなかに置いたという事実をいいたいためである。そのことは、戦後日本の民主主義・平和主義のリーダーたちにおいても例外ではなかったのである。しかし一二月八日の何が彼らをかくも感動させ、このような歌や文章を書かせたのか。

2　感動が綴るものは何か

住谷が一二月八日の開戦の感動とともに記した言葉も、また上に挙げたような歌人たちがやはり宣戦の感動とともに詠んだ歌の言葉も、あたかも木霊《こだま》のように、宣戦の詔勅や政府声明の言葉に響き反えしているようである。それはここに引く住谷や南原たちのわずかな例がいっていることではない。一二月八日の宣戦布告が日本人の全体を包んでいった感動を言葉や歌にすれば、ほとんどが同じようなものであったのである。リメンバー・パールハーバーがアメリカ国民を対日戦に向けての感情の統一をもたらしたが、一二月八日の宣戦そのものが日本国民を一つの激しい感動の渦のなかに置いたのである。

もし八日の開戦が一週間でも後にずれたなら、「ドイツ依存の開戦論は後退したはずである」と現代史家藤村道生はいっている。[*3] 一九四一年一二月八日という真珠湾攻撃のその日に、東部戦線のドイツ軍はモスクワを目前にしながら猛吹雪のなかで後退を開始したのである。ドイツのリッペントロップ外相は日本の真珠湾攻撃のニュースを敵の謀略として当初信じなかったという。ドイツにとってこの攻撃は信じたくない事態であったのである。日本の攻撃は、アメリカにヨーロッパ戦線への参戦の正当な理由を与えたのである。チャーチルも蔣介石も日本の宣戦によってかえって最終的勝利を確信したという。「皮肉にも日本は真珠湾で大戦果をあげたまさにそのことにより、枢軸国の敗北を決定したのである」と藤村は書いている。

もちろんこれははるか事後からする歴史認識であり、歴史記述である。昭和一六年一二月八日の日本において、真珠湾攻撃とドイツ東部戦線における独軍の後退とを結びつけて世界大戦の推移を考えたものはいないだろう。だが私たちはいまそれらを結びつけて考えることができる。それらを結びつけてする事後の歴史認識から、私たちは何を考えたらよいのか。そこから当時の日本外交の拙劣や軍部の無謀を導くことはやさしいことだ。無論そうした指摘が不要だというわけではない。しかしいま昭和日本の当時の言説のあり方に日本人の自己理解を辿ろうとする昭和イデオロギー史にとって肝要なことは、一二月八日の開戦をめぐる事後の歴史的推理とその時点での国民的感動との間の大きな開きに注目することである。日本国民はこの開戦になぜかくも感動したのか。後世からすでに敗北の終わりをも推理させる戦争の開始が、そのとき南原などの最高の知識人をも含む国民の全体を深い感動に包み込んでしまった事態がそこにあるのである。ここには米英を向こうにして開戦するという無謀な事実よりも、その理念なり目的が強く国民をとらえ、動かしてしまった事態があるのである。日本は事実よりも理念の戦争をし、負けるべくして負けたのだといえるかもしれない。

一二月八日、「皇祖皇宗の神霊上に在り。朕は汝有衆の忠誠武勇に信倚《しんい》し、祖宗の遺業を恢弘《かいこう》し、速かに禍根を芟除《さんじょ》して、東亜永遠の平和を確立し、もつて帝国の光栄を保全せんことを期す」という宣戦の大詔を内外に明らかにするとともに、帝国政府はこの戦争の建設的意義を次のように声明した。

惟ふに世界万邦をして各々その処を得しむるの大詔は、炳《へい》として日星の如し。帝国が日満華三国の提携に依り、共栄の実を挙げ進んで東亜興隆の基礎を築かむとするの方針は、固より渝《かわ》る所なく、又帝国と志向を同じうする独伊両国と盟約して、世界平和の基調を画し、新秩序の建設に邁進するの決意は、益々牢固たるものあり。而して、今次帝国が南方地域に対し新に行動を起すの已むを得ざるに至る、何等その住民に対し敵意を有するものにあらず、只英米の暴政を排除して東亜を明朗本然の姿に復《かえ》し、相携へて共栄の楽を頒《わか》たんと冀念《きねん》するに外ならず、帝国は之等住民が我が真意を諒解し、帝国と共に、東亜の新天地に新たなる発足を期すべきを信じて疑はざるなり。*4

これは帝国政府が「大東亜戦争」と名づけたこの戦争の理念とその建設的な意義とを語るものである。もちろんこれは南方にまで戦線を拡大する今次の戦争を正当化し、理由づける言葉からなるものである。しかしそれだからいまこれを偽瞞の言語として片づけていいわけではない。なぜならこれは詔勅とともに多くの日本人の言語に木霊しながら、国民の感動の言語をもなしているからである。「只英米の暴政を排除して東亜を明朗本然の姿に復《かえ》し、相携へて共栄の楽を頒《わか》たんと冀念《きねん》するに外ならず」と政府声明は戦争の目的と理念とをいっている。この言葉に、さきに引いた住谷の文章も歌人たちの歌も見事に木霊しているではないか。たしかに米英に対する開戦そのものが、それまで日本人が抑えてきた鬱屈した感情を一気に晴らすような爽快感を与えたのである。同時に新東亜の建設という戦争目的は、開戦の感動を新たな決意の言葉にし、歌ともなしていったのである。さきに挙げた歌をもう一度見てみよう。

「創造の戦《いくさ》をわれら戦へり大東亜遂に一つに挙《こぞ》らむ」
「輝し大東亜生るる胎動は今し極り対米英開戦す」

3 「支那事変」の不透明性

一二月八日の開戦に先立って、いまや世界史的日本の時であることを華々しく座談会[*5]でしゃべりあった京都学派の四人は、開戦の翌年、昭和一七年の三月に二回目の座談会「東亜共栄圏の倫理性と歴史性」[*6]を開いている。対米英戦の開戦とその初戦における華々しい戦果を前にして開かれたこの座談会は、過去四年にわたって先行きも見えずに戦われた「支那事変」という戦争にとって、いま始まった「大東亜戦争」とは何かを当然問うことになる。高山岩男はこの二つの戦争の間を端的に次のように結びつけていっている。「過去の日支関係をジャスティファイするものが、今日の大東亜戦のイデーだと思ふ」と。「支那事変」の正当性は、「大東亜戦争」の理念と遂行とによっていまはじめて実証されたというのである。

だが「支那事変」が実際に戦われていたその時、南京を攻略したあの昭和一二年一二月一三日に、日本はまさしく「聖戦」を遂行していたのであって、正当化しえない戦いをしていたのではない。「聖戦」の名のもとに虐殺が行われても、日本はいま正当化しえない戦いをしていると誰れもいいはしなかった。ところが「大東亜戦争」が始まったいまになって、「支那事変」には不透明なものがあったといい始めたのである。

西谷 「今までの支那に対する行動が、ある程度やはり帝国主義的に誤り見られる外形で動いてゐた。政策的にもさういふ風に誤り見られる形をとつてゐたかも知れないが……。」

鈴木 「つまり不透明さがあつたんですね。」

西谷 「一種の不透明さがあつたと思ふ。しかしそれにある意味で当時の世界状況、歴史発展の段階では免れ得ないところだつたと思ふ。ところが、外から帝国主義と誤り言はれた行動でも現在から振返つて現在との連続で考へてみると、もつと奥に別の意義があつたわけだね。……現在では日本人はそれをハッキリ自覚して、過去の意識の不透明を清算し……。」
高坂「さう、過去の不透明の意識を清算しなければならぬ。」
鈴木「同感ですね。」
西谷「日本の対支行動がそのやうに誤り見られた外形をとつて現れたといふことは、当時の世界秩序から歴史的に制約されてゐた。併しその行動が現在、大東亜の建設といふやうな、或る意味で帝国主義を理念的に克服した行動に、必然的に繋つて来てゐる。そこから振返つてみると、過去の行動にも、帝国主義的としては説明出来ない隠れた意義が潜んでゐたといふところが解つて来る。」

ここに長く引いたのは、高山の「過去の日支関係をジャスティファイするものが、今日の大東亜戦のイデーだと思ふ」という発言にいたる座談会の議論の経過を見るためである。「支那事変」が簡単にジャスティファイできない不透明さをもっていたのは、それが少なくとも外形的には帝国主義と見誤られる軍事行動であったからだと彼らはいっているのである。そう見誤ったのは日本の外部の人たちだけではない、内部の彼ら自身もその疑いを内心にもっていたのである。「支那事変」の不透明さ、それは帝国主義かもしれないという疑いは、「事変」の本当の意義が隠れていて、日本人自身にも見えなかったからである。「事変」の本当の意義とは何か。それは「事変」が秘かにになっていた世界史的意義である。すなわちこの「事変」は世界の新秩序の形成という世界史的転換の意義をになっていたのである。さらに敷衍すれば、欧米帝国主義の干渉を排除し、中国における真の民族的自立を導き、日中相携えて東亜の新体制を建設するという意義である。ここで「中国」とあるのを「東亜」あるいは「アジア」に置き換えてみれば、「事変」の隠れた意義として語られるこの言葉は、まさしく「大東亜戦争」の理念に外ならないことは明らかだろう。「大東亜戦争」とは、「支那事変」が秘かにもった意義を実現するものであったのである。かくて高山の言葉が導かれることになるのだ。彼はいうのである。「支那事変」が正しい戦争であったとするものは、「大東亜戦争」の理念であり、その理念を掲げて遂行されるこの戦争である、と。

「支那事変」の正しさを「大東亜戦争」の理念が実証したという見方、あるいは「支那事変」の不透明さを「大東亜戦争」が晴らしたという見方は、京都学派のこの四人だけのものではない。さきに挙げた住谷や南原の宣戦に接しての感動のうちにあるものであり、開戦に爽快感をもった多くの日本人が自覚することなくもっていたものであるだろう。「支那事変」は日本人にとって不透明であったのである。多くの日本人にとっては相次ぐ戦勝の報道にもかかわらず、先行きがまったく見えないという意味で「事変」は不透明であった。知識人たちは、これは帝国主義ではないかという疑いを簡単に消すことはできなかった。たしかに「大陸政策」という近代日本の国策が、中国大陸における日本の軍事行動への日本人による批判を基本的に封じていた。批判が封じられているその分だけ、「事変」に対する不透明感は日本人にいっそう内攻していたのである。だから一二月八日の宣戦は、この内攻していた不透明感を一気に晴らすものであった。だがこれは錯誤をうちにもった、あるいは錯誤を引きずった感動であった。錯誤とは、「過去の日支関係をジャスティファイするものが、今日の大東亜戦のイデーだと思ふ」というように、分けられた二つの戦争をめぐる錯誤である。

4 「支那事変」の意義

京都学派の哲学者たちは、「支那事変」の「隠れた意義」をいっていた。ある事態の「隠れた意義」をいうのは、つねに事後的な認識者である。それは、その発生時には気づかなかったことを、事態の意義として事後的に再発見したものがいう言説である。あるいは事態の背後にあるものを、事後的認識者がその解釈行為を通じて語り出す言説である。いずれにしろ「隠れた意義」とは、事後的な再発見者、再解釈者と相関的な語り出しである。高山らは、「大東亜戦争」の宣戦に接し、そこに掲げられた戦争理念によって、ああそうだったのかと「支那事変」を再発見しているのである。不透明な「事変」がこの時、透明に、正当な意義をもって見えてきたのである。しかしこれは認識上の錯誤である。

「大東亜戦争」の理念は、この開戦の時に急に掲げられたものではない。昭和一三年一一月の近衛首相による「東亜新秩序」声明は、東亜の新体制と恒久平和の確保という「大東亜戦争」の戦争目的をすでに早く提示するものであった。さらにこの声明を敷衍し、意義づける理論作業が「東亜協同体」論として展開されたことは、戦争直前の言論・知識世界では周知のことであった。「東亜新秩序」と「東亜協同体」とは、昭和一三年から一五年にいたる時期のジャーナリズムの主題でさえあった。そこで論じられたのは、まさしく「支那事変」の世界史的意義であり、民族主義と帝国主義とを同時的に克服しながら日本と中国とが、いかにして東亜の新体制の核となるべき関係を形成するかであった。それらは西谷らが「大東亜戦争」の理念として、すなわち「支那事変」の本当の、「隠れた意義」として再発見したものに他ならない。これはどのように解すべきなのか。「支那事変」の周知の意義づけの言説が、「大東亜戦争」の理念（すなわち「事変」の「隠れた意義」）として再発見されるということを。

「支那事変」に隠れた本当の意義などはない。「支那事変」は日本の中国大陸における帝国主義的な軍事行動としてあったし、中国にとってそれは抗日戦争に外ならなかった。この戦争は中国にとって、それをになう民族主体を形成する民族的錬成の過程であった。昭和一三年（一九三八）には「支那事変」はすでにヨーロッパの戦争危機に呼応して、世界の諸列強をその背後に組み分けていくような世界戦争の性格をもっていた。「事変」が世界的な日中戦争になったその時に、戦争は世界史的意義を要求するものとなるのである。「事変」が地域的な事変であるかぎり、それは世界史的意義などを要求しない。世界的な日中戦争が、世界の新秩序すなわち「東亜新秩序」の構想を要求するのである。それが近衛の声明であり、蝋山・三木らの「東亜協同体」論であったことは、すでに私は前章に詳しくのべた。「支那事変」とはすでに世界戦争であった。だからそれは日本の戦争当事者に世界の新秩序構想《プラン》を作成させ、学者たちに世界史的意義づけの理論を構成させたのである。ところが京都学派の哲学者たちは、「大東亜戦争」の宣戦に接してはじめて、これが「支那事変」が秘かにになう世界史的意義の実現の戦いであることに気づくのである。ここで明らかなのは、京都学派の彼らにとって日本の世界戦争はいま、昭和一六年一二月八日の米英に対する宣戦とともに始まったということである。彼らだけではない、ほとんどの日本人がそう思ったのである。世界の旧秩序・旧勢力に対する東亜の新体制建設の戦いが、いままさに始まったと。だからさきに挙げた歌人たちは、宣戦の大詔を拝した感動を新東亜建設の希望とともに歌いあげたのである。

5 開戦と錯誤の感動

ほとんどの日本人が対米英宣戦の感動を新東亜建設の希望とともにもったかぎり、「創造の戦をわれら戦へり大東亜遂に一つに挙《こぞ》らむ」「輝し大東亜生るる胎動は今し極り対米英開戦す」と歌人がうたったことに偽りはない。だがここには錯誤の感動というべきものがある。それは京都学派の哲学者たちもあえて犯している錯誤でもある。それはいま私たちが「アジア・太平洋戦争」と呼ぶ戦争を「支那事変」と「大東亜戦争」の二つに分かちながら、世界戦争は昭和一六年一二月八日に始まったとする錯誤である。

私が対米英開戦のニュースを聞いたのは小学校三年生の時であった。その翌年、四年生の新学期に担任となった女の先生から、「日本は長い間、戦争をしている」という話を聞いて不思議に思ったことをよく覚えている。私は戦争はいま始まったばかりだと思っていたのである。「支那事変」を戦争だと思っていなかったのだ。これは子供だけがもった誤解ではない。ほとんどの日本人が、米英に対する戦いをこそ正真正銘の戦争と信じ、感動をもって宣戦の報を聞いたのである。そして新東亜建設の戦いがいまや始まったと信じたのである。そう信じた日本人は、これがすでに「事変」として戦われてきた世界戦争の新たな、あるいは最後の段階だとは考えなかった。対米英戦として戦争はいま始まったと信じ、その開戦に感動したのである。これは無意識になされた錯誤であり、錯誤からくる感動であった。

京都学派の哲学者たちは、「支那事変」には「一種の不透明さがあつた」といっていた。不透明であったのは「事変」なのか。むしろ彼らは「事変」そのものを見ようとはしなかったのではないか。これは帝国主義戦争ではないかの疑いをもちながら、しかし中国大陸における帝国主義戦争の実際を決して見ようとはしなかったのである。たしかに「事変」という帝国主義戦争の実際は、国民から遮蔽されていた。そのかぎり、「事変」は不透明であった。「事変」の実際は国民から隠されていたし、また国民もその実際を見ようとしなかったのである。隠れていたのは「事変」の意義ではない、「事変」の実際である。国民から見えないようにさせ、国民もまた見ようとしなかったのは、「支那事変」が中国とその人民を敵として戦われている帝国主義戦争の事実であった。「支那事変」は日本人につねにその直視が避けられてきた事態であった。そのかぎり「支那事変」は不透明であった。「事変」は国民のもやもやした感情のなかで引きずられていく未決の事態であったのである。

一二月八日は国民のこの未決の事態を一気に解決したのである。正真正銘の戦争はいま始まったのである。ほんとうの敵を相手にした戦いがいま始まったのである。東亜の真の解放と自立のための戦いはいま始まったのである。国民はそう信じ、宣戦と初戦の勝利に感動した。しかしこの開戦の感動のなかで、国民は「事変」の事実をいっそう遠ざけていったのである。「支那事変」に日本は一〇〇万の軍隊を投入しながら、「事変」は日本人にとって正真の戦争ではなかったのである。昭和一六年一二月八日、日本人は錯誤の感動に、自らを欺く感動に浸ったのである。

6　宣戦になぜかくも感動したのか

一二月八日の宣戦に日本人は深く感動した。しかもそれは正真の戦争がいま始まったとする錯誤の感動であった。とすれば、宣戦に日本人はなぜかくも感動したのかという問いは、日本人はなぜ開戦を錯誤したのかという問いでもあるだろう。では、なぜ錯誤したのか。それに答えようとすれば、「支那事変」がすでに戦争であることの事実を見ようとせずに、米英を敵とした「大東亜戦争」をこそ正真の戦争だとした日本人の錯誤そのものに立ち戻って考えてみるしかない。

昭和日本とは、世界の列強の一つとしてアジアにおける自己の権益を主張していく日本だと、この書の初めから私はいってきた。ところでこの日本を列強の一つとして認知したのは、第一次世界大戦とその戦後のヴェルサイユ体制といわれる列強支配の世界体制であった。しかしこの世界体制は日本を列強の一つとして認めるとともに、アジアからの秩序攪乱者として認知したのである。昭和日本に国際的に与えられたこの国家像に、日本人自身はどのような自己像を対置したのか。あの京都学派四人の座談会で、「過去の日支関係をジャスティファイするものが、今日の大東亜戦のイデーだと思ふ」と発言した高山岩男は、ヴェルサイユ体制をめぐってこういっている。

〔第一次世界大戦〕戦後の世界のヴェルサイユ秩序は即ち単に旧き近代的世界観に基くのみならず、事実上依然としてヨーロッパの世界支配を根本前提とするヨーロッパ中心的秩序であり、ただ戦勝国中心の秩序に模様替へせられたに過ぎなかつたのである。かくて近代に終焉を告ぐべき前大戦は何ら近代の終焉を告げることなく、近代は今日まで二十年の歳月を延長するに至つた。[*7]

日本を世界秩序の壊乱者とするヴェルサイユ体制とは、とっくに終焉すべき近代の遺物だと高山はいうのである。ここで近代とは、ヨーロッパ中心的な世界秩序を作ってきた一九世紀から二〇世紀にいたる時代である。その近代は第一次大戦によって、ヨーロッパ中心的世界秩序とともに終わるはずであったのである。だが戦後のヴェルサイユ体制とは、アングロ・サクソン的秩序に転換することで生き延びた近代の世界秩序であった。終わるべき近代が、二〇年後の現在もなお生き延びていると高山はいうのである。それゆえ二〇世紀のいま求められているのは、なお残存する近代を終わらせ、世界史の真の転換を実現することである。一九三三年の日本の国際聯盟からの脱退は、「明瞭に東亜のアングロ・サクソン的秩序に対する宣戦の意義を有するものであり、ひいて世界の旧秩序理念に対する闘争の意義を有するもの」であった。昭和日本は東アジアにおけるアングロ・サクソン的秩序に終わりを告げるべき世界史的使命を負って存在すると高山はいうのである。

開戦の感動をめぐってなぜ錯誤したのかと自ら問いながら、米英を敵とした「大東亜戦争」こそが本当の戦争であることを近代の世界史に弁証する高山の論説を、私は訳もなくここに記してしまったようである。だが宣戦の正当性を弁証する論理こそ、日本人に錯誤の感動を導いた何ものかをいい表すものではないか。高山において宣戦の正当性を弁証するのは「近代の超克」の論理であった。「近代の超克」とは、「今日遂行するに至った大東亜戦争が決して近代内部の帝国主義的争覇でなく、近代に終焉を告げる（世界史的）転換の戦争」であることを教える論理であった。「大東亜戦争」とはまず何より東と西という地政学的な対立の構図における戦争である。西とは近代という文明的世界秩序を支配的に構成してきたヨーロッパであり、いまではアングロ・サクソンである。この西に対する「大東亜戦争」とは、この近代を終わらせ、東亜に新秩序を打ち立てる戦争、まさしく世界史的な転換をもたらす戦争である。「大東亜戦争」とは「近代の超克」の戦争なのだ。

「近代の超克」の論理は世界史のとらえ直しと、その転換をもたらす戦争の意義とを日本人に教えても、錯誤の感動を導くものではないというかもしれない。だが「近代の超克」が、東と西の地政学的な対立構図の上に文明論的な言語と、抑圧と解放の政治心理学的言語とをもって日本から、アジアの盟主の自負に立って語られていくとき、それは日本人の錯誤の感動を導く理念とも言葉ともなるだろう。アジアの盟主たる日本の自負に立つ「大東亜戦争」の言葉には、「支那事変」が落とす影はない。開戦がもたらした戦慄のうちに開かれた『文学界』の座談会を、司会者河上徹太郎は「近代の超克」の一語をもってまとめたのである。[*8] だがその座談会「近代の超克」では、中国問題はまったく触れられることはなかったのである。

8　たとえ戦争が無償に終わっても

保田與重郎の戦時と戦後

「思想としての立場からは、今戦争が無償に終る時を空想しても、実に雄大なロマンチシズムである。」

保田與重郎『蒙疆』

「かくて最後に守りを貫く者は、昨日の国の運命のために正面で戦ひ、今日もかく戦ひ、明日もさやうに戦ひ得るのである。」

保田與重郎『日本に祈る』

1　敗北の仮定

「遠く遙かな蒙疆を指して保田與重郎が家族らの見送りをうけて大阪駅を発ったのは、昭和十三年五月二日の朝であ」ったと、谷崎昭男は『蒙疆』の解説を書き始めている。[*1]「折から激しい降雨」の朝であったともそこに書き加えている。日本浪曼派的精神の表現とも実証ともみなされる保田のこの大陸への旅の出発を記すに相応しい文章で、谷崎はそう書き始めている。昭和一三年とは、すでにさきの章（第6章）にのべたように、いわゆる「支那事変」が事変として終わらずに「日中戦争」の様相を見せていく年であり、第一次から第三次にわたる近衛声明が出された年でもある。その同じ年の三月には小林秀雄もまた『文藝春秋』の特派員として中国に渡り、杭州で火野葦平に芥川賞を伝達している。保田の場合は、小林と同様に『文藝春秋』の特派員として渡航する佐藤春夫のむしろ同行者としてであった。[*2]保田らは朝鮮から満洲を経て北京に到った。北京滞在中に発病して入院した佐藤と離れて保田は、大同から内蒙古の綏遠・包頭に至る蒙疆の旅をする。保田はまた北京からの帰途に熱河承徳をも訪ねている。保田らが神戸港に帰着したのは六月一二日であった。この五〇日に及ぶ大陸旅行の保田の感想は『コギト』などに書かれ、後に『蒙疆』の一冊にまとめられ、その年の一二月に生活社から刊行された。[*3]

ところで私がいま保田の『蒙疆』から書き始めているのは、この書の末尾の「大陸と文学」と題された文章中で保田が気になる言葉で気になることをいっているからである。もっとも保田の書く文章で気にならないものはなく、すべて気になる言葉からなるものだが、これはとりわけ気になるものである。

> この戦争が例へ無償に終つても、日本は世界史を劃する大遠征をなしたのだ。蒙古を流れる黄河に立つたとき、私は初めて、日本の大陸政策の世界歴史に於ける位置を感じた。かういふ浪曼主義は、何人かの世界史を変革した英雄が独自の狂気の宗教か芸術で行つたことに属してゐる。しかし日本では民族と軍隊が行ったのである。思想としての立場からは、今戦争が無償に終る時を空想しても、実に雄大なロマンチシズムである。[*4]

ここで保田は一節のなかで二度までも、「たとえ戦争が無償に終っても」という仮定文を使っている。「無償に終っても」というのは、「戦争が勝利という結果をもって終らない、無駄なものであったとしても」という意味であろうか。その「結果」とは領土の拡張といった物理的に獲得された利益であるとして、「そのような物理的な勝利の結果をともなって戦争が終ることがなくとも」というのが、恐らくあの否定的仮定文のもっともソフトな理解であるだろう。たしかに日本帝国は「支那の領土および主権」を尊重するという第一次近衛声明（昭和一三年一月）の文言からすれば、保田のいう「無償」とはそのことを意味していたかもしれない。だがあの仮定文はもっとハードな理解をも可能にする。すなわち「戦争が勝利という結果をもたない、無駄な戦い、すなわち敗北をもって終ったとしても」という仮定文としてである。もちろんこの時代に敗北をいうことは、仮定としても許されない。だが「戦争が勝利という結果をもたない、無駄な戦いとして終っても」という仮定は、この否定的な仮定を突き詰めれば敗北の仮定に行き着くだろう。「戦争がたとえ敗北をもって終っても」という仮定は、「戦争がたとえ無償に終っても」という仮定から無理なこじつけなしに導かれるものであるだろう。いま大陸における日本の征戦が劃する領野を旅する日本のロマン主義者の言語は、敗北の仮定を推理させるような「たとえ戦争が無償に終っても」という言葉をいい出しうるものであったのである。

五月一九日、北京で保田は徐州陥落を祝う「支那人の旗行列」を見物している。保田はその見物の感想を、「彼らの行列から、私は国家とか国民とか民族といふ、けふの偉大なものの発想と聯想の根拠になるそれらの何一つをも感じなかつた。一般に私は北京で、文化の絶望を味はねばならなかつた」と書いている。彼は北京に絶望し、北京を離れて蒙疆に向かうのである。

2 なぜ蒙疆か

なぜ保田は蒙疆に向かうのか。そもそも蒙疆とはどこか。蒙疆は辞典（広辞苑）によれば、「中国の旧察哈爾《チャハル》・綏遠両省、および山西北部の省」とだけある。だがこれだけではおぼろげに内蒙古の地域を思い浮かべるにすぎない。蒙疆とはわれわれにロマンチシズムをかきたてる古くからの地名を思わせるが、これが日本人に知られるようになったのは新しいことである。昭和戦中期の地政学者小牧実繁が編集した『大東亜地政学新論』[*5]で兼子俊一が書く「大東亜に於ける蒙疆の地位」を見れば、「蒙疆、この名を我々が耳にするやうになつたのは蒙疆聯合委員会の成立以来のことである」とある。蒙疆聯合委員会の成立は、昭和一二年一一月二二日のことである。蒙疆の名は日本の地理学者にとっても新しいものであったのだ。「支那事変」とともに蒙疆の名ははじめて日本人に知られていったといっていいのである。蒙疆政権の成立と発展は「支那事変が作つた偉大なる歴史の一つであつた」と、兼子は書いている。

「皇軍の暴支膺懲は疾風の勢を以て進展し察哈爾方面に進撃せる皇軍は早くも八月二十七日張家口に入城、察南十県の民衆間に澎湃として発生せる蒋政権離脱自治政府樹立の気運は九月四日張家口に察南自治政府の成立を見せるに至つた」と、蒙疆聯合委員会の成立に至る事変後の事態の経過を皇軍に同一化させた視点で地理学者兼子は追っている。一〇月一五日には山西省北部に晋北自治政府が、一〇月二八日には綏遠に蒙古聯盟自治政府が成立した。この日、蒙古大会は成吉思汗紀元七百三十二年を宣し、防共民族協和の新政が始められた。そして一一月二二日に各政府代表は張家口に会して蒙疆聯合委員会を設立するのである。蒙疆の名が日本人に知られるようになったのはそれ以来である。保田がその蒙疆に向かったのは、その翌年の五月であった。蒙疆がはるか塞外の山地でも高原でもなく、満洲国西北辺の要地として日本帝国の地政学上に登場して一年にもならない時期である。だがそのとき、北辺における日本の戦いは実際上終わっていた。大陸における皇軍の戦いは南下していた。すでにふれたように徐州陥落を保田は北京で聞くのである。大陸における日本の戦いの中心はすでに南にあった。だが保田は多くの従軍作家のように皇軍に従って南下することをしなかった。[*6] 彼は「南下すべき道を北上した」のである。一年前、皇軍が北に向かって越えた南口、居庸関、八達嶺を保田も越えて北に向かったのである。旅の後に保田は、「私はあきらかに北京に失望した、さうして蒙疆に於て初めて蘇生の思ひがした。私は北京からそのまま帰らなかつたことを感謝したのである。さうしてさらに北京より南下しなかつたことをも後悔しない」[*7] と書いている。

保田は北京に絶望していた。北京における保田の絶望は、蒙疆における彼の希望であった。なぜ蒙疆なのかという問いは、なぜ保田は北京に失望したのかという問いと裏腹である。「私はたまたま北京に失望しつつ居庸関を越した。私は北京に何かの文化も見なかつた」と保田は書いている。北京に何らの文化も見ないとは、保田の激しい反語である。それは北京の否定を通じて肯定される何かを指し示す。「文化のない文化を変革するものは、つねに雄大な理想の表現である」と北京の非文化的文化の変革の道を彼はいう。それを変革する理想の表現とは、「皇軍の兵士の銃剣」がうたう歌であると保田はいう。「将軍の漢詩や将校の新体詩より、もつと溌剌原始の表現で、北の大陸の兵士たち」は歌ったのである。北京に文化はないという保田の否定的言語のイロニーは、皇軍兵士の銃剣が歌った北の大地すなわち蒙疆の理想を描きだすのである。では文化のない北京に保田は何を見たのか。

私は北京に何かの文化も見なかつた。そこにあるものは清人宮廷の風俗である。服装も、住家も、文化も、みな乾隆好みにすぎない。それは明人の暗憺とした敗北である。否偉大な康熙乾隆二帝であつた。漢人皇帝にして唯一人の永楽帝、蒙古砂漠を越えて親征の軍を進めた唯一人の永楽帝の遺業なる天壇に私は驚いたのみである。……しかし漢人の天子の精神に比して遙かに壮大な、悠遠なものは、むしろ蒙古や満洲の天子の精神でないか。

北京に文化はない。ここを支配しているのは清人宮廷の風俗だけである。この北京によって保田は漢人文化の敗北をいうのである。だが明人の敗北をいう保田は、では清人風俗の支配する北京を清人の勝利として肯定するのか。それはない。彼は北京に絶望しているのだ。保田が北京に向けて発するのは常に否定的な言語である。その否定の言語が反語的に指し示すのが、「蒙古や満洲の天子の精神」である。彼はそれゆえ蒙疆に、そして熱河にその天子たちの遺業を訪ねようとするのである。それは破壊し、否定する銃剣がうたう詩を共に吟じようとするロマン主義者の旅である。蒙疆に向かうこのロマン主義者はいうのである。「北京にない果敢な剣は蒙疆に伏せられてゐる。私は世紀への希望のために、その日の来ることを希望する。つねにより浪曼的なものは世界を征服する」と。

3 北京との訣別

保田に北京を案内したのは、彼の高等学校以来の旧友である竹内好であった。この竹内について、「現代支那文学の研究家として殆んど唯一に近い新進有為の詩人的学徒である」と保田は紹介している。竹内とともに東洋哲学を専攻する神谷正男もまた保田の北京案内者であった。「滞在半月あまりにして、厚顔に北京を語りうるのは、これらの人々の案内のゆゑである」と保田は書いている。保田はこの北京滞在中に、おそらく竹内や神谷らの手引で北京のインテリゲンチャに会っている。この会合は保田に北京憎悪感を植えつけるもう一つの因をなすものであった。「北京のインテリゲンチャの若干に私はあふことを得た。そのとき私は失望する以外にむしろ醜悪を味つた」と書いている。

彼らインテリの最高のものは、「沈黙を守りつつ、時々に皮肉を云ふ嘘つき」であると保田はいう。その中級のものは、「蔣介石への信任を少しだけ語つて日本への注文をいふ」商取引人だと批判する。最下級のものは、「私の行つたとき大声を張上げて芝居の稽古をしてゐた。稽古は演技でなく語り物である。私はその演劇研究の若い男女の雰囲気に入りつつ、あの中央公園の牡丹園を相携へて歩いてゐる若い男と女の群を見たときより、何か陰鬱を通りこした黒い世界を感じた」と保田は書いている。この保田の屈折した批評は分かり難い。なぜこれが最下級なのか。恐らくこれはここに案内した日本の知識人への反語なのであろう。上の言葉に続けて、「さういふ場合のことを、支那人の途方もないえらさと日本人は語つて、己らの純情をかへりみた。しかしこの顧み方はよくないのだ。それはわかりきつた我らの知性の感傷とナンセンスである」と保田はいっている。だが保田の言葉をこう引用したからといって、あの屈折した批評が分かるわけではない。ただ一九三八年の北京でこの時局に沈黙で対する中国知識人に、あるいは時局に無関心に演劇に打ち込む中国の若い男女に、中国人のえらさを見て感服する日本知識人に保田が腹を立てていることだけは明かである。日本知識人のこの卑屈への保田の嫌悪は、日本の支配層の対中国懐柔策に及ぶのである。「日本の今日の支配層はつねに内外の「有名」を尊重するのである。彼らはむしろ卑屈にまで譲歩して、戦争のすむまでは執筆せぬと高言する学者文人を利用しようとしてゐる。この懐柔策は、満人の皇帝なる康熙乾隆帝の漢人対策より拙劣にして、規模貧弱である。」

保田が北京に絶望していたのは、その既成の非文化的文化に対してだけではない。蘆溝橋の銃声に始まった戦争が中国中原に拡大している現在、その戦争のあとを追うようにして新たな文化建設に手を貸す日本知識人たちの文化工作の舞台にいまや北京がなっていることに、保田は激しい嫌悪を感じているのである。

今日の日本兵士たちの行為のあとを追従しつつ、その文化建設の能力を疑ひ、その構想の上で文化施設の担当を己らにもくろむ者も意識的冒瀆でなければ不明の罪である。さういふ十九世紀思考に対する変革が今まさに行為されてゐるといふことをはつきり知る必要がある。戦争が文化を生むであらう。

事変といふ戦争は兵士とは別に自分たちを必要とすると彼ら知識人・文化人は考えた。戦争は兵士の手だけで終わることはない。兵士の破壊したものの再建は自分たちの課題であるとみなしたのだ。保田はこれを「十九世紀的思考」という。一九世紀とは近代ヨーロッパの知識・思想・文化の体系をもって先進的文明的国家が成立していった時期であり、日本もまた遅ればせに文明国化のスタートをきった時期でもある。保田は北京に跳梁しているのはこの一九世紀的思考を荷った日本と中国の知識人たちだというのである。「北京に於いては十九世紀にまだその言論を喋らせる余地がありその無能を隠蔽する組織」がある。だが日本の兵士たちがその銃剣をもって変革させようとしているのは、その一九世紀的な世界秩序ではないのか。

我らの日本の智恵が、余りにも十九世紀的理論体系への関心に支配されるため、この戦争を十九世紀の秩序の変革と考へ得ぬのでなからうか。十九世紀秩序とその文化の倫理に承認を与へるなら、我らはその文化倫理の終極の解決なる国際聯盟とイギリス式の議会様式に接近したらよいのである。

北京で蠢く一九世紀的思考とは具体的に何かとは、保田の言葉によって想像するしかない。彼は「私は民族自決を純粋に考へることは出来ぬとは云ふまでもない」といい、また「支那人の立場で考へるといふやうな知性の純粋論はナンセンスである」という。これらの言葉は、中国の民族的自立を促しながら、近代国家としての中国の再生を助けようとする人びとを指していっているのだろうか。「さういふナンセンスが、けふの国際聯盟主義であり、イギリス議会的国際倫理である」と保田がいうのを見れば、あるいは私の想像の通りであるかもしれない。すでに「国民政府を対手とせず」という第一次近衛声明は、保田たちの旅の出立に先立つ昭和一三年の一月には発表されていた。そこでは「帝国と真に提携するにたる新興支那政権の成立発展を期待し、これと両国国交を調整して更生新支那の建設に協力せんとす」といわれていたのである。保田が北京に見たのは、この近衛声明を実現しようとする日本知識人の活動であったかもしれない。彼はそれを一九世紀的思考によるものとして、いまや「旧来の知識の虐殺を宣言すべき日であると思はれる」というのである。

「新しいイギリスをアジアに作るよりは、一人の乾隆を作ることに意義を考へる。それは明らかに世界の文化をゆたかにする。」この言葉を残して保田は、北京に訣別し、蒙疆に旅立った。

4　近代の終焉の戦い

北京に別れて蒙疆に向かう保田にとってこの戦争とは、「新興支那政権」（近衛声明）の成立をもって終わっていい戦争ではなかった。戦争のそのような終了は、保田によれば国際聯盟的秩序の勝利でしかないのである。大陸におけるこの戦争とは、この国際聯盟的秩序、いいかえれば一九世紀的知性と文明の秩序を破壊し、それに止めを刺す戦いでなければならない。保田はまだこれを近代に終焉を告げる戦争だとはいっていない。「近代の終焉」の五文字を保田が自分の著書のタイトルにするのは、英米との宣戦を間近にしたその時である。[*8] だが昭和一三年の五月、蒙疆に向かった保田にとってこの中国大陸の戦争はすでに近代に終焉を告げるべき戦争であった。この戦争は一九世紀的な文明的秩序の破壊による文明的一新をめざす文明的戦争であった。[*9] これがすでに欧米先進文明国が規定する国際秩序に対する文明的戦いであるならば、彼らが一方的に規定する戦争の概念も平和の概念も日本のものではない。「我々は持つ国持たない国といふ今日の世界再分割の合言葉をきかされてきたのである。持たない国ならば持たねばならぬのである」というように、いまや国際的配慮による繁雑さに、自己主張の簡明さがとって代わらねばならないのだ。この簡明さとは、戦う兵士たちの感覚である。「単純な人道主義や単純な帝国主義でない、まして近代の自由主義でもなく共産主義でもない。この高度の日本人の――主に兵士たちの感覚は、やはり日本主義である」と保田は書くのである。

保田はもはや征服とか侵略の非難を気にしない。「今日浪曼的な世紀を初めて経験した日本は、一切の悲観を蹴つて飛躍する。例へ征服や侵略を手段としても、なほかつそれは正しく美しいの」だと彼はいうのである。ここには日本の知識人が多かれ少なかれもった「支那事変」に対する負い目も呵責も一切ない。そんなものは一九世紀的知識人のセンチメンタリズムにすぎないと保田は吐き捨てるようにいうのである。この保田においてはじめて、「支那事変」から「大東亜戦争」にいたる事変と戦争の過程は一つの戦争になるのである。[*10] すなわち一九世紀的近代に終焉を告げるべき日本の文明一新的戦争になるのである。昭和一六年一二月八日の対英米宣戦は彼にとって「支那事変」が日本人にもたらした暗雲をはらすものであったのではない。日本によってすでに始められた近代の終焉を告げる戦いを、彼にいっそう確信させただけである。開戦の翌昭和一七年の正月に、昭和七、八年を回顧して保田は、「我々は、陰鬱の日の生成の理とした思想が、同時に、興隆の日の原理となるといふ、わが国の浪曼的な神話の思想を、改めて確信するのである」[*11] と書いている。

戦争が文明一新的な戦いであるならば、それは調停や協定によって終わったり、終わらなかったりするものではない。それは領土を確保したり、しなかったりする戦争ではない。「持たない国ならば持たねばならぬ」と保田は簡明にいっていた。だがそれは領土所有をめぐる聯盟的秩序へのイロニーとしてであった。日本の戦争とはこの所有の秩序そのものの変更なのだ。保田は所有の秩序の変更をいいながら、「物質に対し精神を、それがわれらの行為の表現の一つである。我らの行為はその世界に対する実証であり、示威である」という。戦争が精神の表現であるとき、それが勝利の結果をもって終わるか、終わらないかは問われることではないだろう。だから「この戦争が例へ無償に終つても」というあの仮定文も保田の言説上に成立することになるのである。たとえこの戦争が勝利の確たる物質的結果をもって終わることがなかったとしても、わが日本民族の精神の軌跡ははっきりと大陸の燎野にそのモニュメントを刻むだろうというのである。

この戦争が例へ無償に終つても、日本は世界史を劃する大遠征をなしたのだ。蒙古を流れる黄河に立つたとき、私は初めて、日本の大陸政策の世界歴史に於ける位置を感じた。

昭和二〇年八月一五日、保田のこの仮定文が含意する究極的仮定すなわち敗北という終わりが現実のものとなった。ではこの敗戦という終結とともに、保田のいう戦争も終わったのか。「世界史を劃する大遠征」は、アジアにいかなるモニュメントを残したと保田はいうのだろうか。

5 わが田圃に帰る

保田は終戦のとき、中国の山西省入り口の「石門の軍病院の一室に重患者として横つてゐた」[*12]。彼が復員し、故郷の大和桜井に帰ってきたのは昭和二一年五月であった。「丙戌の歳五月初旬、小生は大陸より帰国し、そのまま郷村に住ついて、以来農事に従つてゐる」と保田は「農村記」に記している。「農村記」は戦場の生活一年に続く農耕の生活一年における保田の感慨と思念とを後に同人誌『祖国』に発表していったものである[*13]。戦時・戦後の「無筆」の三年[*14]を経て最初に書いた文章「みやらびあはれ」とともに「農村記」は、保田の戦後最初の著書として刊行された『日本に祈る』に収められた。

保田は終戦の年の昭和二〇年三月に病中に召集され、北支に派遣された。だが四月にはすでに彼は石門の陸軍病院に入院することになる。そこで二度の瀕死の重態におちいったという。それが「戦場の生活」と保田がいう一年であった。彼はその翌年、天津を経て故郷大和に帰り、「農耕の生活」に入ったという。だがこの一年の帰農生活とはどのようなものであったのか。彼の「戦場の生活」がほとんど軍病院での生活であったように、「農耕の生活」も農耕の場を借りた無筆の詩人思索者の生活であったであろう。もう昭和二四年には保田は「活発な文筆活動を展開」すると年譜[15]にはある。保田の帰農生活一年とは形ばかりのものであった。ただそれがどれほど形ばかりのものであっても、敗戦後、彼が郷里大和の農村への帰農の形をとったことに注目したい。彼は焼土から復興しようとする東京にも、大阪にも帰らなかったのである。「毎日出かけてゆくわが田圃の山河も、しみじみ見れば見る度に、涙がこぼれるほどに美しい[16]」というわが田圃に保田は帰ったのである。

かつて保田は東京と北京に別れて、蒙疆に向かった。敗戦を間にして保田はわが大和の田圃に帰ったのである。蒙疆から大和の田圃への保田のロマン主義的思念の場の移転の間には敗戦がある。だが敗戦とは保田にとって何であったのか。日本は本当に敗れたのか。敗れたとすれば何に敗れたのか。彼にとって戦争とは近代欧米の一九世紀的知識・文化体系に対する文明論的な戦いであったことはすでにいった。日本はその戦いにたしかに負けた。だが日本はその文明論的な戦いにおいて、一九世紀的な文明に負けたのである。端的にいえば近代の物質的な科学文明に負けたのである。「近代の生んだ最高産物である原子爆弾は、同時に近代の生んだ最高産物なる近代都市を破壊する、最も有力な道具である。」（「あとがき一」）。日本はこの近代の最高産物である原爆を投下され、近代都市の大半を焼き払われて負けたのである。戦争も、そしてその勝利も敗北も一九世紀的近代が生み出したものである。とすればその敗北によって保田の戦いも終わったのか。大和の田圃における一年の農耕生活を経て保田はいっている。「ここに於ても私は十九世紀的思考方法に対立し、所謂近代を否定するわけである」（「みやらびあはれ」）と。彼の戦いは終わってはいない。彼は敗戦の報に接して祝杯を挙げたという老作家に憤りながら書いている。「かくて最後に守りを貫く者は、昨日の国の運命のために正面で戦ひ、今日もかく戦ひ、明日もさやうに戦ひ得るのである」と。日本は近代という戦争に近代という敗北を喫したのであって、保田の近代に対する戦いが終わったわけではない。だが蒙疆から大和の田圃に帰ってもなお保田は同じ戦いをしているのか。大和のわが田圃における戦いとはいかなる戦いなのか。

6　負の底部からの戦い

蒙疆とは保田において北京あるいは東京の反語としてあった。蒙疆は一九世紀的思考とヴェルサイユ的国際秩序に否定的に対峙する詩人の思念と兵士の銃剣とに支えられてあった。私はいま「詩人の思念と兵士の銃剣」といった。たしかに蒙疆とは、ただロマン主義的な詩人の夢想が託した天子の征服の原点であったのではない。満蒙とは日本帝国の存立に不可分な大陸政策が展開される原点的領野であった。保田が昭和一三年の大陸への旅の道順を、「朝鮮から満洲の中枢線を通り、北支から蒙古に出て、再び新しい満洲である熱河を通つて帰るといふ道順は、われらの今日の日本を見、明日の日本を思ふために、実に合理的な方法であると思はれたのである」*17といっていたように、それは日本の帝国的野心が画く軌跡を正しく辿るものであったのである。だから蒙彊とはロマン主義的反語であるよりは、帝国主義的対立語であるのだ。蒙彊に託してロマン主義的な詩人が語るアジアの天子の征服とは、アングロ・サクソン的世界征服に対抗する日本帝国の天皇のアジア征服でしかないのである。保田は敗戦とともに蒙彊から大和のわが田圃に帰った。それはわが天子の征服の原点からいかなる原点に帰ったのか。

保田が帰ったのは郷里大和・桜井の農村であった。桜井は京都へ一時間半、大阪へ一時間の距離にあって、交通の便のよいところである。この地帯の農業は「米麦で一家の主食を得、自家産の蔬菜は一年のことかかぬといふ方針のやうに見える。従つて小農といふ範疇にさへ入り難い小農が多い」と保田は書いている。だがこれは農地解放前の日本の、ことに近畿のきわめて一般的な農村の有様だろう。保田はこの農村に已れのロマン主義的な思念の新たな原点を据えるのである。ではこの農村はどのように彼の原点として再構成されるのか。

明治の文明開化以来、日本の農民の父祖たちは、最も激しい貧乏の負目を荷つてきたのである。日本の近代文明と近代兵備は、国民の六割を占める農村人口の貧乏によつて償はれてきたのである。西田哲学も田辺哲学も白樺文学も、その人もその生活も、みな農民の貧乏といふ自覚された犠牲の上に開いた近代文物である。*18

保田はここで近代文明という戦争に敗れた文明的日本の負の底部で、貧困に耐えて文明的日本を支えた日本の農民と農村をいっている。文明的日本とは文明的戦争に敗れた近代日本、すなわち負の日本である。保田がいう貧困の農村とは、この負の日本のさらなる負の底部である。この二重の負《マイナス》の底部としての農村こそ、一九世紀的近代文明世界に全的否定をもって対峙しようとする保田の新たな原点となるのである。この負の底部として再構成された日本農村を原点として保田は新たな文明論的な戦いを立ち上げるのである。保田においてこれは持続された戦いであるだろう。だが敗戦日本から立ち上げられる戦いはまったく戦略的な配置を異にしている。蒙疆が前進的日本の原点だとすれば、わが田圃は後退的日本の原点である。前者が正の原点だとすれば、後者は負の原点である。一九四五年以後の日本から立ち上げられる文明論的な戦いに、この負の原点からする保田の新たなロマン主義的な戦いは原型としての言説的戦略配置を提示するのである。竹内好がこれにしたがって戦後アジアの戦いの言説をどのように構成していったかは後の問題である。

7　米作りとアジア的価値

だが日本農村とはかつて保田が自然主義文学の発生基盤として、自然主義文学とともに嫌悪していたのではなかったか。[*19] たしかに保田が嫌悪したのは、コミンテルンやマルクス主義者がアジア的あるいは日本的と規定する日本農村の悲惨を、作品の上に再生産している自然主義文学者の営為に対してであった。半封建的土地所有とかアジア的生産様式といったアジアの後進性についての規定は、まさしく一九世紀的文明先進国から一方的に与えられたものである。保田はかつてそうした規定にしたがって日本的悲惨を文学的に再生産することを植民地的として批判していた。近代欧米の先進文明に従属する日本を植民地的とする保田の批判は、第二の開国がいわれる敗戦後日本でいっそう強められることはあっても、弱められることはない。だが保田はいまヨーロッパ・オリエンタリズムが規定してきたアジア的後進性の現場である日本農村を、持続される戦いの新たな原点にしようとするのである。そのとき日本農村はどのような意味で戦いの新たな原点となるというのか。

日本農村はまず米作りの場として再確認されねばならない。米作農業は保田において一方では資本主義的な生産・経営・利潤・労働観に立った農業生産に対置されるとともに、他方では「アジア的米作地帯」としてのアジアの一体観を形成していく。米作りはヨーロッパの文明的価値に対してアジア的価値を構成するのである。

この米作地帯の人々は、今日に於てもなほ利潤といふ思想をどこかで冷眼視してゐる。それがアジア的といはれる所以の一つである。現代に於ては、貧困を自ら求める如き処世態度が、農村の父の道徳である。その道徳がどこから生れたかを究明することこそ、農村の貧乏を解除する根本策とならう。

小生の云ふアジアの根本観念は米作に即《のっと》る生産生活である。

保田が米作りからどのようにアジア的価値観を構成していったか、ここで詳述する余裕はない。ただ保田が本居宣長の「むすび」と「ことよさし」の国学的概念によって、神を助け、自然に随う人の業《わざ》として米作りをとらえ、対自然の人為・人工を駆使した農業生産に対置していったことだけをここでいっておこう。蒙疆を正の原点とした保田の前進的戦いにおいても宣長の国学的理念は指導的な意味をもったが、わが田圃を負の原点とした後退的戦いにおいても宣長の理念はふたたび保田を導くのである。圧倒的に優越する漢《から》の文明に、「道」と言挙《ことあ》げしない美知《みち》（自ずからなる神の道）という消極的な理念をもって対峙した宣長がふたたび想起されているのである。ただこの神の道は同時に皇祖天照大御神の日嗣《ひつぎ》の御子《みこ》のしろしめす道として、世界に無二の尊貴性をもつとされるのである。宣長の神の道がもつ文明論的な原理としての消極性と積極性とは、保田にともに継承される。神を助ける、自然《おのずから》な米作りの原理は、ヨーロッパの文明的原理に否定的に対決するアジアの原理になるのである。「近代概念としての、支配と侵略と政治をふくまず、その一切の悪を否定するアジアは、その一つなる原理として、この時につとに発見されてゐたのである。」保田がここで「この時に」というのは、「宣長の時に」である。保田の絶対平和論はもうすぐそこにある。

米作の現在のしくみは単に半封建的な遺構ではない。かかる形でよぶものが、恒久の平和の原理とならぬといふ証は一度もなされてゐない。絶対平和の基礎となる生活とは何をいふか。アジアの米作の個々の生産生活を外にしては、平和の根拠となる生産生活の様式は、どこにも存在しないのである。

蒙彊に立って保田は「この戦争がたとえ無償に終った」としても、アジアに刻んでいくわが兵士たちの征戦のモニュメントは消えることはないといった。そして戦争は敗北に終わった。日本の敗北の後のアジアにいったい何が残されたのか。敗北の後のアジアとは何であるのか。保田は今度は敗れた日本のその負の底部であるわが田圃によってなお戦いの持続を考えた。負の底部であるわが田圃は米作りを介してアジアを己れの背後にもう一度呼び起こし、新たな文明論的な戦いの負の原点となるのである。文明が物欲と富と暴力とを意味するとすれば、わが田圃を負の原点とする戦いとは精神の戦いであり、非暴力の戦いである。米作りアジアはいま絶対平和の基礎として甦るのである。蒙彊を正の原点とした戦いで八紘一宇のスローガンがアジアを覆った。わが田圃を負の原点とした戦いでアジアは絶対平和の基礎として復活する。昭和二五年、保田は「日本に祈る」言葉をこう記している。

今もアジアの文明の、理念と道義とその生命を信ずるアジアの精神たちは、アジアの悲運と悲劇を認めつつも、いささかも勇気を失つてゐない。その勇気の使命も、また明日の日の光栄も、見失つてはゐない。日本がアジアであることの自覚――この人倫と道義の恢弘を、余は日本に祈る。*20

Ⅲ

9 日本近代批判と〈ドレイ論〉的視座

竹内好と二つの魯迅

「つまり自分がドレイであるという自覚の状態を体験しなければならない。そしてその恐怖に堪えなければならない。」

「その国粋や日本は、ヨーロッパを追放するということで、そのヨーロッパをのせているドレイ構造を追放することではなかった。」

竹内好「中国の近代と日本の近代」

1　ヨーロッパの自己運動

「ヨーロッパがヨーロッパであるために、かれは東洋へ侵入しなければならなかった。それはヨーロッパの自己解放に伴う必然の運命であった。異質なものにぶつかることで逆に自己が確かめられた」と竹内好は、人民中国の成立を間近にした一九四八年の戦後日本でいっている。それは「中国の近代と日本の近代―魯迅を手がかりとして」[*1]と題された論説においてである。この論説はヨーロッパの自己実現という世界史的運動のなかで前進するヨーロッパそのものの自己確認も、そしてそれに抵抗する東洋の、東洋であることとの自己確認も成立するという、ヨーロッパ中心的近代世界をめぐる戦後竹内のすぐれた洞察を示すものであった。竹内はそこでヨーロッパの合理主義的信念をめぐっていっている。ヨーロッパの自己実現の運動は東洋に侵入していく。この東洋への侵入は、東洋において抵抗を生み、その抵抗はヨーロッパ自体にも反射した。だが、「それさえも、すべてのものを究極的には対象化して取り出しうるという徹底した合理主義の信念を動かすことはできなかった」というのである。

竹内がいう合理主義とは、分析的、認識的理性によってすべてを対象化しようとする認識衝動と、ロゴス化された知識として対象を己れの側に収納してしまう征服衝動をも内包した知的運動を意味している。だから竹内も、「私にとって、すべてのものを取り出しうるという合理主義の信念がおそろしいのである。合理主義の信念というより、その信念を成り立たせている合理主義の背後にある非合理な意志の圧力がおそろしいのである」というのである。この認識衝動あるいは征服衝動が近代ヨーロッパの東洋学《オリエンタリズム》、すなわちシナ学《シノロジー》や日本学《ジャパノロジー》を成立させたのである。もちろん近代日本もこの合理主義的認識衝動と征服衝動とをわが物にしていった。日本オリエンタリズムもそこから成立する。竹内自身がそこで学びながら離脱し、やがて嫌悪していった「支那学」も、日本オリエンタリズムとして近代日本に成立するのだ。[*2] 日本オリエンタリズムは中国の古典的文献的世界に対して認識的・征服的衝動を向けただけではない。二〇世紀の中国社会もまた近代日本の社会科学などの認識対象的世界となるのである。それは竹内的にいえば、帝国日本の中国に侵入する自己運動は、日本的学知による合理主義的認識運動の中国への侵入でもあったということである。

　ところで私がいま竹内によるヨーロッパの自己実現の運動がともなう合理主義的な知の拡張的欲求についての言及から書き始めているのは、その竹内好が最近ヨーロッパ日本学の認識対象になったという報道に接してである。ヨーロッパ的知の背後にある征服的な認識衝動を批判する竹内が、当のヨーロッパ日本学の研究対象になるというのは、奇妙な事態である。二〇〇四年九月にドイツのハイデルベルク大学で竹内好を主題とした国際シンポジウムが開催されたという。[*3] このことは早く、このシンポの講演者として招聘された松本健一によって新聞紙上で報じられた。その後、やはりこのシンポに招聘された加々美光行らによって日本版の竹内シンポが開催され（愛知大学・二〇〇六年）、その報告集『無根のナショナリズムを超えて―竹内好を再考する』も二〇〇七年に刊行された。松本は新聞紙上で、ドイツの五日間にわたる世界初の「竹内好・国際シンポ」の画期性を称えていた。加々美もまた、このシンポに参加して深い幸福感を味わったと書いている。[*4] 松本によればこのドイツにおける竹内シンポジウムが掲げた正式の標題は、「竹内好―アジアにおけるもう一つの近代化を考えた思想家？」であったという。だがなぜここに疑問符があるのか。松本も加々美もそれについては何もいっていない。まさかそれは、「竹内とは、もう一つの近代化を考えた思想家であるのか？」と、この標題全体にかかわる疑問符ではあるまい。それは「もう一つの近代化とは何か？」をポジティヴに問うものであるのか、あるいは「もう一つのアジア的近代化などはあるのか？」とネガティヴに疑うものであるのか、それは分からない。あるいはこの疑問符は、私がまさかそれはないといった標題全体にかかわる疑問を含めて、ここに挙げた疑問のすべてをあいまいに含んだものであるのかもしれない。この疑問符にはむしろヨーロッパあるいはドイツから竹内好に向けられた認識関心の実際が示されていると見るべきだろう。それは「日本には脱亜入欧的近代化に異を唱えた竹内好という思想家がいるようだが、彼はいったい何ものなのか？」といった程度の認識関心、問題関心を示すものではないか。それはとてもヨーロッパの終わりのない自己拡張の道から転じようとする現代ドイツの自己反省的態度の表明なんていうものではないし、冷戦以降の世界史的地殻変動に連動してドイツに生起するアジアへの関心のありようを示すものでもない。近代ヨーロッパの帝国主義的学知のヨーロッパ自身による徹底した反省的批判運動がもし竹内好をとらえたなら、そのとき私は彼らが「竹内を知った」とはじめていうだろう。ヨーロッパことにドイツの東洋学・日本学の実状を体験的に知る私は、アジアに向けられた彼らの認識的関心について竹内とともにはるかに懐疑的であり、否定的でさえある。

2 竹内好という問題

私がここでいう「竹内好という問題」とは、あの国際的な関心に応えるようにして構成される問題ではない。もちろん二一世紀のいま国際的関心のなかで作り出される「竹内好という問題」が何かとは、それはそれとして私の興味を引く。それは竹内好を現在この日本で問題化しようとする人びとにおける思想的関心の在処《ありか》を教えているからだ。その関心とはあえていえば、ドイツの竹内シンポに期待し、それに呼応して竹内好論を日本でいま再起させた人びとにおける「もう一つの近代、ないしはアジア的近代」を求める思想的関心である。だが、竹内の意に反して実体的に「アジア的近代」を志向する彼らの思想的関心については、ポスト竹内的問題としてあらためて考えよう。私がいう「竹内好という問題」とはそれではない。

竹内好は戦時の昭和一〇年代に文学者としての自己理解を魯迅によって深化させていった。そしてその竹内は敗戦後の昭和二〇年代に、今度はその魯迅によってアジアにおける日本人の自己認識をきびしく追及していくのである。前者の竹内によって著書『魯迅』[*5]があり、後者の竹内によって前掲の論説「中国の近代と日本の近代―魯迅を手がかりとして」などがある。竹内は前者の魯迅を敗戦後の日本に移し、欧米的近代との同一化を戦後もなお求め続ける日本と日本人の自己意識への根柢的な批判的基軸として設定していった。私はそれを〈ドレイ論〉的視座と呼ぶのである。この二つの魯迅によって構成される〈ドレイ論〉的視座から竹内は、アジアにおける日本の欠如する自立的基底をえぐり出していった。この視座によって竹内は、戦後日本についてのもっとも批判的で否定的な言説を構成したのである。「つまり日本は何ものでもない」[*6]と。この二つの魯迅による竹内の戦後日本における言説展開とその問題を、私は「竹内好という問題」というのである。

竹内はこの「中国の近代と日本の近代―魯迅を手がかりとして」で魯迅の寓話的小品「賢人と馬鹿と奴隷」[*7]を引きながら〈ドレイ論〉を展開している。この魯迅の「賢人と馬鹿と奴隷」による議論の展開は、竹内における前者の魯迅が、後者の、すなわち昭和二〇年代の戦後日本における竹内の論説上にいかに再生されるかを示す重要な事例である。魯迅のこの寓話的文章はいま、アジアにおける優等生であり続ける日本への竹内の否定的な反語的文脈を構成する形で引かれていくのである。竹内は優等生日本についてこういっている。

敗戦の教訓に目ざめた劣等生は、優等生に見ならって賢くなるだろう。優等生文化は栄えるだろう。日本イデオロギーに敗北はない。それは敗北さえも勝利に転化させるほど優秀な精神力のかたまりだから。見よ、日本文化の優秀さを。日本文化万歳。

この竹内がいうアジアの優等生―劣等生という文化的優劣の対比は、文明論的な進歩と退歩の対比に移され、さらにその対比は政治的な支配と従属の関係をも内包する。最後にそれは竹内において主人とドレイという究極の対比をもって語られていくのである。この対比の修辞的な一連の構成の前提をなしているのは、東と西、アジアとヨーロッパという地政学的対比であることはいうまでもない。この対比が上にいうように竹内において主人とドレイの対比をもつことから、魯迅のあの文章が引かれることになるのである。魯迅の寓話的小品「賢人と馬鹿と奴隷」を竹内は「賢人とバカとドレイ」として以下のように要約している。

ドレイは、仕事が苦しいので、不平ばかりこぼしている。賢人がなぐさめてやる。「いまにきっと運がむいてくるよ。」しかしドレイの生活は苦しい。こんどはバカに不平をもらす。「私にあてがわれている部屋には窓さえありません。」「主人にいって、あけさせたらいいだろう」とバカがいう。「とんでもないことです」とドレイが答える。バカは、さっそくドレイの家へやってきて、壁をこわしにかかる。「何をなさるのです。」「おまえに窓をあけてやるのさ。」ドレイがとめるが、バカはきかない。ドレイは大声で助けを呼ぶ。ドレイたちが出てきて、バカを追いはらう。最後に出てきた主人に、ドレイが報告する。「泥棒が私の家の壁をこわしにかかりましたので、私がまっさきに見つけて、みんなで追いはらいました。」「よくやった」と主人がほめる。賢人が主人の泥棒見舞にきたとき、ドレイが「さすがに先生のお目は高い。主人が私のことをほめてくれました。私に運が向いてきました」と礼をいうと、賢人もうれしそうに「そうだろうね」と応じた。[*8]

賢人は奴隷にただ救済の幻想を与えるだけである。馬鹿を追いはらった後に奴隷意識にいっそう安住しながらなお好運をいう奴隷と、賢人はその好運の幻想をともにするのである。馬鹿は奴隷の救済可能を信じて直接的な行動に訴える。だがその行動は奴隷に裏切られ、奴隷をいっそう奴隷状態に安住させる結果をもたらすことを知らないのである。奴隷は自分の好運をいいながらも、実は主人に喜ばれる奴隷であり続けているだけである。ではこの奴隷に対して魯迅とは何であるのか。あの幻想を与えるだけの賢人であるのか、それとも直接行動する馬鹿であるのか。自分はその何れでもないと果たして彼はいいうるのか。だがその何れも奴隷自身によって裏切られ、否定されることを知ることから、一九二〇年代の文学者魯迅における自己へのサチールを含んだこの寓話的文章「賢人と馬鹿と奴隷」があるのであろう。奴隷とは中国社会の奴隷的暗黒状態として文学者魯迅のふまえざるをえない重い現実的条件であった。[*9] しかしこの現実的条件において文学者であることとは何か。それこそ昭和一〇年代の竹内が『魯迅』においてぎりぎりに問いつめた主題であった。

昭和二〇年代の竹内によって魯迅とその「賢人と馬鹿と奴隷」とが、あの優等生と劣等生、あるいは主人とドレイという対比による日本近代批判の文脈で、〈ドレイ論〉的主題をもっていかに説き直されていったかを見る前に、昭和一〇年代竹内の魯迅をまずわれわれは見ておかねばならない。

3 昭和一〇年代竹内の魯迅

竹内の『魯迅』は名著とされている。だがこの『魯迅』によって人は魯迅を知ることになるのだろうか。この『魯迅』によって人は、竹内によって読まれた、あるいは読まれねばならなかった魯迅を知っても、魯迅を知ることにはならないだろう。もしそれでもよいというのなら、その人が竹内によって読まれた魯迅だけに意味があるとしているからである。昭和一〇年代の竹内が魯迅に読もうとしたことは、あるいは魯迅に彼が突きとめようとしたことは、中国のその時に、すなわち孫文の国民革命が進行し、挫折し、分裂し、混乱するこの時に、なぜ魯迅は文学者であったのかということである。だが、魯迅に対する竹内のこの問いかけは、昭和一〇年代後期の日本において、戦地への召集という運命が待ちかまえていたその時に、竹内が自分自身に問いかけたものでもあった。「魯迅は文学者であった。何よりも文学者であった」という竹内の言葉によってわれわれは武田泰淳がいう通り、「当時の彼の苦衷と決意とを読み」[*10]とらねばならないのである。だが私が竹内の『魯迅』とは彼の読みになるものだと当たり前のことをいうことによって、その書の価値を貶めようとするわけではない。むしろ私はこの竹内の読みによってもたらされる「魯迅という問題」の重さを知っている。われわれが竹内の『魯迅』に読むのは魯迅の評伝でも、彼の作品の解説でもない。竹内によって読みとられた「文学者である魯迅」という問題である。

竹内は魯迅に関して「本源の何者かを知りたい」という。すなわち、「思想や、作品行動や、日常生活や、美的価値でなく、それら雑多なものを可能にしている本源の何者かを知りたいのである」と。魯迅とその文学について、その「本源の何者か」を求めるこの問い方は、竹内の魯迅論に特有のものである。竹内好とはこうした人間の本源への問いをもった文学者であり、思想家であるのだ。たとえば彼は、「魯迅の文学の根源は、無と称せらるべきある何者かである。その根柢的な自覚を得たことが、彼を文学者たらしめている」といい、また「彼は不断に自己生成の底から湧き出るが、湧き出た彼は常に彼である。いわばそれは根元の彼である。私はそれを文学者と呼ぶのである」ともいう。この竹内の魯迅論におけるように、人間の本源とか存在の根元、始源といったことを戦前の日本で言説化したのは禅による存在論的な哲学者たちか、詩によるロマン主義的文学者たちであった。私がここで竹内の本源志向的言説をあえてこのように一般化するのは、その志向を共有するもの以外の理解を拒むような竹内の文章を前にしてである。本源志向者の言説は、その共鳴者における再構成だけを許すような性格をもっている。エピゴーネンにおける反復的再生だけを許すような竹内の魯迅をめぐる言説とは、たとえば次のようなものである。

> 彼の生涯のただ一つの時機、彼が文学の自覚を得た時機、云い換えれば死の自覚を得た時機が何時であったかが問題である。

絶望も虚妄ならば、人は何をすればよいか。絶望に絶望した人は、文学者になるより仕方ない。何者にも頼らず、何者も自己の支えとしないことによって、すべてを我がものとしなければならぬ。

魯迅は文学者であった。何よりも文学者であった。彼は啓蒙者であり、学者であり、政治家であるが、彼は文学者であることによって、つまりそれらを棄てたことによって、現れとしてそれらであった。……文学者と呼ぶ以外に呼びようのない根本の一つの態度が、彼にはある。

つまり孫文に「永遠の革命者」を見た魯迅は、「永遠の革命者」に自己を見たのである。……失敗でない革命は真の革命でない。革命の成功は「革命成功せり」と叫ぶことではなく、永遠の革命を信じて現在を「革命成功せず」として破却することである。

政治に遊離したものは、文学でない。政治において自己の影を見、その影を破却することによって、云いかえれば無力を自覚することによって、文学は文学となるのである。

ここに引いた文章は、いずれもただ反復的にパラフレーズするしかないような文章である。簡単に解説されることを拒むような性格をもつ文章である。それらはあるいは「絶望」によって、あるいは

「革命」によって、あるいは「政治」によって語られるというようにさまざまであっても、しかしその語りは同一の性格をもった文章からなるものである。すなわち反語的な、あるいは徹底した否定的な文章である。否定的な、反語的言語による表出は、その裏に根源的なほんものへの志向がその発言者に存在することを示している。つねに反語的に、そして否定的に、すなわちほんもの志向的に語っていくこの言語とはロマン派のものである。このロマン派的な言語のあり方は竹内において終生変わらない。しかしここで竹内の言語をロマン派的とすることで、何らかの思想評価を竹内に与えようとするものではない。むしろ竹内の言語をロマン派的とすることで、昭和一〇年代の戦時日本に竹内がもたらした文学的言説の特性を、そして昭和二〇年代の戦後日本にもたらした近代批判的言説の特性を、いっそうはっきりと理解することができるのだ。反復的な再構成しか許さない主観的な、本源志向的な言説に、われわれは方法をもって対するしかない。

竹内はいま否定的な、反語的言語をもって根源的な魯迅を、ほんものの魯迅を、すなわち文学者である魯迅を求め、語っていく。では竹内と、その竹内における魯迅とは何に対して反語的であり、否定的であるのか。革命が進行し、挫折し、失敗する世界、そして人びとが「成功だ」「失敗だ」と騒ぎ立てている現実の政治世界と、その世界になお捉えられている己れの影に向かって、竹内は魯迅とともに反語的に対するのである。現実の政治世界に反語的に対するとは、その世界との有用な実際的関係をまったく無化した地点に、いわば無用者としての己れの位置を見出すことである。それが反語的な文学の、あるいは文学者の位置である。しかし現実の政治世界への反語的な無用者としての文学者とは、反転してその政治世界に根底的に、絶対的にかかわるような文学を見出したものとなるのである。その文学者とは、現実の政治世界に蠢いているにせものではない、ほんものである。その文学とは永久革命であり、真の政治であり、したがって真の文学であるのだ。かくてこの真の文学とは、絶対的な政治的言語となるのである。これは詩による日本の根柢的な変革をいう保田與重郎のロマン派的言語が語り出すものと同じである。竹内はいっている。

> 真の文学とは、政治において自己の影を破却することである。いわば政治と文学の関係は、矛盾的自己同一の関係である。……真の文学は、政治に反対せず、ただ政治によって自己を支える文学を唾棄するのである。孫文に「永遠の革命者」を見ず、革命の成功者、あるいは革命の失敗者を見る文学を唾棄するのである。なぜ唾棄するかと云えば、そのような相対的の世界は「凝固した世界」であり、自己生成は行われず、従って文学者は死滅せねばならぬからである。文学の生まれる根元の場は、常に政治に取巻かれていなければならない。それは、文学の花を咲かせるための苛烈な自然条件である。

昭和一〇年代の竹内はそのロマン派的な反語的言語をもってほんものである文学者魯迅を説き出していった。それは絶望的な現実の政治世界に無用者として否定的に自己を保持しながら、その現実世界に対して根柢的で、永続的な革命者でありうるような文学者魯迅である。それはまた戦争という苛烈な日本の現実に生きざるをえなかった竹内が読み出した文学者魯迅であった。竹内はこの『魯迅』の出版を武田泰淳に託して戦地に赴いたのである。「明日の生命が保しがたい環境で、これだけは書き残しておきたいと思うことを、精いっぱいに書いた本である」[*11]と竹内自身もいっている。

4　昭和二〇年代竹内の魯迅

竹内は一九二〇年代中国における政治と文学の現実の状況のうちに魯迅を置いて『魯迅』を書いたわけではない。むしろそのような書き方を彼は拒絶しながら、絶望的な現実下になお文学者であることを決意する本源の魯迅をとらえようとしたのである。文学者魯迅とは、現実との相対的な政治的かかわりをにせものとして破却するほんものの魯迅であった。だが昭和二〇年代戦後日本の竹内は、破産から再建へと激動する日本現代史の歴史状況のなかに魯迅を置いていく。ふたたびにせものとして再建されようとする日本に対する竹内の反語的批判の基点として。われわれはここでまた魯迅のあの寓話「賢人と馬鹿と奴隷」に立ち戻ることができる。

一九四八年の竹内はこの寓話を「賢人とバカとドレイ」と表記し、ここから〈ドレイ論〉を展開させていった。〈ドレイ論〉とはさきにふれたように、文化的な優等生と劣等生、文明的な進歩と後退、政治的な支配と従属、社会身分的な主人とドレイという一連の対比を前提にして構成される日本近代の歴史批判的な言説である。この一連の対比は東と西、アジアとヨーロッパという地政学的な対比を前提としてもっていることもすでにいった。日本の敗戦は、戦後日本に地政学的な〈東西〉論を再生させるのである。〈東西〉論とは日本の近代化が西洋化であったかぎり、近代日本の形成過程でくりかえし再燃する議論であった。戦後的な〈東西〉論を竹内の立場からいえば、敗戦を日本近代史の根柢的な書き換えの好機とせずに、もともと西の優等生であった日本をそのままに、あるいはより完全な西洋的な国家社会として再形成しようとする戦後日本の支配的立場への否定的な議論となる。「敗戦の教訓に目ざめた劣等生は、優等生に見ならって賢くなるだろう。優等生文化は栄えるだろう。日本イデオロギーに敗北はない」というさきに引いた竹内の痛烈な揶揄的発言はここから生まれてくる。〈東西〉論をこの揶揄的発言に見るようなヨーロッパ的近代＝日本的近代の徹底した批判的言説として竹内において再構成せしめるのが魯迅による〈ドレイ論〉である。しかも人民中国の間近い成立と澎湃たるアジア・ナショナリズムの湧起を見出すことで、戦後日本に向けた竹内の〈ドレイ論〉的な言説の批判性はいっそう激しいものとなる。

魯迅のあの寓話で、ドレイは賢人の与える救済の幻想を聞き流し、またバカの直接行動をも斥けてドレイであり続ける。このドレイであり続けるドレイについて竹内はこういうのである。「ドレイが、ドレイであることを拒否し、同時に解放の幻想を拒否すること、自分がドレイであるという自覚を抱いてドレイであること、それが「人生でいちばん苦痛な」夢からさめたときの状態である」と。ここで「人生でいちばん苦痛なこと」とは、家出して自分の行くべき道がないことを知り、夢から覚めたノラについて魯迅がいう言葉である。*12 竹内はあの寓話におけるドレイに、「自分がドレイであるという自覚を抱いてドレイであ」り続ける目覚めたドレイを見るのである。それは目覚めながら、なおドレイであり続ける苦痛に耐えるドレイである。その目覚めたドレイに竹内は魯迅を重ねている。

自分がドレイであるという自覚を抱いてドレイであること、それが「人生でいちばん苦痛な」夢からさめたときの状態である。行く道がないが行かねばならぬ、むしろ、行く道がないからこそ行かねばならぬという状態である。かれは自己であることを拒否し、同時に自己以外のものであることを拒否する。それが魯迅においてある、そして魯迅そのものを成立せしめる、絶望の意味である。絶望は、道のない道を行く抵抗においてあらわれ、抵抗は絶望の行動化としてあらわれる。それは状態としてみれば絶望であり、運動としてみれば抵抗である。[*13]

あの魯迅の寓話「賢人と馬鹿と奴隷」から、竹内がここでいうような目覚めたドレイを読みとることとは強引といえるような読解である。さらにその目覚めたドレイに目覚めた魯迅を重ねるのは、二重化された強引さである。あの寓話の三者は魯迅との関係でいえば、三者ともがそれなりに魯迅であるだろう。そしてそうであることを見る文学者魯迅がもう一人いるのである。そこから一九二〇年代中国における自己へのサチールを含んだあの寓話があるのだろう。だが竹内はそうは読まない。「これは魯迅が、呼び醒まされた状態について書いているものと考えていいと私は思う」と竹内はいうのだ。魯迅の寓話「賢人と馬鹿と奴隷」は、昭和二〇年代の竹内によって新たな寓話「賢人とバカとドレイ」として語り直されるのである。そこではドレイとはドレイであることに目覚めながら、なお解放の幻想のうちに自己を失うことなく、自己すなわちドレイであり続けるもの、すなわち道のない道をなお行こうとする抵抗者になるのである。そして魯迅はこの目覚めたドレイに重ねられるのだ。上に引いた目覚めたドレイをいう竹内の言葉は、すでに魯迅についていう言葉であった。昭和一〇年代の竹内がとらえた本源的、ほんもの的存在としての文学者魯迅を、昭和二〇年代の竹内は絶望的現実にあってなお自己であり続け、道のない道をなお行こうとするほんものの抵抗者としてとらえ直すのである。これは虚構の、作られた魯迅である。だが竹内はこの魯迅を必要としたのである。戦後の保田が虚構の「わが田圃」を一九世紀的近代の終焉に向けての文明論的戦いの戦略的な拠点としたように[*14]、戦後の竹内は虚構の〈目覚めたドレイ＝魯迅〉をヨーロッパ的近代＝日本的近代の超克に向けての思想的戦いの戦略的拠点にしていくのである。では竹内はそれを拠点としてどのような戦いを展開したのか。

5　〈ドレイ論〉的近代批判

竹内の展開する〈ドレイ論〉的な日本近代批判は、すでにいうように東と西という地政学的枠組みをもっている。その枠組みは文化的な優等生と劣等生、文明的な進歩と後退、政治的な支配と従属、社会身分的な主人とドレイという対比からなるものであった。そしてこの対比は究極の前提にヨーロッパとアジアとをもつものであった。ところで竹内はすでにいうように近代世界史をヨーロッパの自己拡張の過程としてとらえている。すなわちヨーロッパがアジアを包括し、世界史を完成させていく過程として。このヨーロッパの自己拡張の世界史とはヨーロッパの勝利の過程であり、アジアの敗北の過程である。だがはじめからヨーロッパがあり、アジアがあったわけではない。ヨーロッパはアジアに勝利することを通じてヨーロッパであることを自ら認識し、アジアは敗北を通じてアジアを認識すると竹内はいうのである。これはヨーロッパ中心的世界史についての竹内のすぐれた洞察である。ところでアジアが敗北することは、アジアがヨーロッパ化することである。ヨーロッパ化することでアジアの自己は失われる。だがアジアは敗北しつつ、なお抵抗を持続させることで自己（アジア）をもち続けることができるのである。ヨーロッパ世界史としての世界史的完成に変容を加えうるものがあるとすれば、このアジアの抵抗ではないかと竹内はいうのである。「東洋は抵抗を持続することによって、ヨーロッパ的なものに媒介されながら、それを越えた非ヨーロッパ的なものを生み出しつつあるように見える」と、一九四八年の竹内はいっている。それは人民中国の成立する前年のことである。

この近代世界史をめぐる歴史認識に立って竹内は、いま〈ドレイ論〉をもって日本近代批判の言説を構成していこうとする。〈ドレイ論〉とはドレイを言説構成の基点として、ドレイ性としての既存文化・思想を批判する徹底した否定的言説である。竹内はそのドレイを〈ドレイ＝魯迅〉として再構成して、一九四八年の日本で、日本近代のドレイ性を徹底して批判する否定的な、反語的言説を展開させるのである。反語的というのは、その言説は否定の背後にほんものへの志向をもつからである。〈ドレイ論〉という批判的言説は、主人とドレイとの間の「ドレイを使うものがいっそうドレイ的である」というドレイ性の反転を論理的に含みながら、社会的最下層のドレイを基点にしてその言説の否定的批判性を徹底させていく。さらに竹内によって設定された〈ドレイ＝魯迅〉という基点そのものが、すでに事態の本質的な反転の可能性を告げている。目覚めたドレイとは、持続する抵抗のうちに自己を保持するドレイであった。この目覚めたドレイという主体によってこそ、事態の本質的な変革は可能なのである。もう一人の主人に支配されながら、自分がドレイであることさえ知らない、いわばにせものの主人というドレイは、文字通りドレイ根性をもった自己喪失のドレイなのだ。ここから脱亜入欧的に近代をヨーロッパに追随的に達成し、敗戦後にあってもなおその近代をさらに完全なものにしていこうとするドレイ的日本への徹底した批判が生まれてくる。

> 自分がヨーロッパになること、よりよくヨーロッパになることが脱却の道であると観念された。つまり自分がドレイの主人になることでドレイから脱却しようとした。あらゆる解放の幻想がその運動の方向からうまれている。そして今日では、解放運動そのものがドレイ的性格を脱しきれぬほどドレイ根性がしみついてしまった。……呼び醒まされた苦痛にいないで相手を呼び醒まそうとしている。だから、いくらやっても主体性が出てこない。……こうした主体性の欠如は、自己が自己自身でないことからきている。自己が自己自身でないのは、自己自身であることを放棄

したからである。

ここで竹内が「自己自身であること」というのはアジアにおいてドレイ的である己れ自身に覚醒することである。そのことに覚醒すること、すなわち抵抗することなくして、アジアにおける日本という主体は存在しないのである。日本はアジアではない、そしてヨーロッパでもない。「つまり日本は何ものでもない」と竹内はいうのである。竹内のドレイ論的な日本近代批判の反語的な言説は、何ものでもない日本をわれわれにつきつけてくるのだ。

しかし日本はアジアにおいて何ものかであった。アジアにおいて一五年の戦争を続けた帝国日本としてあった。その日本を、竹内は覚醒することのないドレイ以外の何ものでもないというのである。たしかにこれは近代日本にたたきつけた徹底した否定的言説である。だがこの否定的言説の反語性は、否定される日本の向こう側に抵抗するアジアの主体の生起をすでに見出しているのである。竹内における〈ドレイ=魯迅〉という思想的拠点も、一九四八年のアジア的主体の生起を見ながら彼において構成されたものであるだろう。すでに事柄は、このアジア的主体を前提にした竹内のヨーロッパ的近代の超克の問題である。では自覚なきドレイ性を再生し続ける戦後日本にとって「近代の超克」とは、敗戦とともにすでに雲散霧消してしまった幻の課題であるのか。

10 「近代の超克」と戦争の二重性

竹内好と「永久戦争」の理念

「戦争は民族再生の祈願であり、戦争は「近代の超克」である。」

亀井勝一郎『現代史の課題』

「太平洋戦争は当然「永久戦争」になる運命を伝統によって与えられていた。」

竹内好「近代の超克」

1 「近代の超克」論とその再論

竹内好が「近代の超克」の戦後的再論として同名の論文を書いたのは一九五九年、筑摩書房の『近代日本思想史講座』の第七巻「近代化と伝統」においてである。彼はこの巻の編集担当であった。この論文を竹内は自ら解説して、「この稿は「近代主義と民族の問題」からの発展である。「近代の超克」論者が悪の根元であるかのような戦後の評価が、どうしても肯《うべな》えないので、いつか自分の手で詳しく調べたいと思っていた」[*1]と書いている。竹内がここに挙げている自身の論説「近代主義と民族の問題」（一九五一）については、本書第1章「「近代の超克」論の序章」（連載「近代の超克」第一回）[*2]で私はすでに言及している。むしろ竹内のこの論説についての言及から私の連載「近代の超克」は始まったといってよい。この論説で戦後始めて竹内は日本ロマン派の再評価を問題にしたのである。「マルクス主義を含めての近代主義者たちは、血ぬられた民族主義をよけて通った」[*3]という言葉に見るように、竹内による日本ロマン派の再評価とは戦後思想が回避し、欠落させてきた「民族主義」を再び正面にすえて考えようとするものであった。ただ彼のいう「民族主義」とは、すでに第1章でもいったように、「近代主義」の反対概念であって、日本主義ないし国家主義の同義語ではない。「近代主義」の語によってヨーロッパ近代文明への日本人の強い依存的、従属的姿勢が意味されるとき、「民族主義」はそれに抵抗するアジアの自立的立場が意味された。竹内のいう「民族主義」は日本主義・国家主義的ナショナリズムではないが、日本の自立的基盤を志向するものとして、これもまたナショナリズムである。竹内がこの論説を書いた一九五一年とは、中国も韓国も不在のままに対日平和条約がサンフランシスコで調印された年である。その平和条約は日米安全保障条約と抱き合わせであった。日本はアメリカの冷戦的軍事戦略に内包される形で独立を回復したのである。これがはたして独立なのか。この疑いを突きつけながら竹内は、「近代主義と民族の問題」を書き、日本ロマン派を問い直したのである。

一九五九年、日米新時代の到来がいわれ、日米安保条約の改定が岸内閣の手で進められていった。この改定とは、日本が今度は自主的にアメリカの核の傘の下に入ることを意味していた。その五九年に竹内は、「「近代の超克」は、事件としては過ぎ去っている。しかし思想としては過ぎ去っていない」として、「近代の超克」論の戦後的再検討としての論文「近代の超克」を書いた。再検討される「近代の超克」論とは、直接的には雑誌『文学界』一九四二年の九月号と一〇月号に分載された座談会「近代の超克」に由来する議論である。この座談会をまとめた河上徹太郎が「開戦一年の間の知的戦慄のうちに作られたもの」[*4]というように、「大東亜戦争」開戦の衝撃が文学者・知識人にこの座談会をもたらし、その議論を「近代の超克」のタイトルに集約させたのである。まさしく対米英の開戦が昭和日本知識人の意識に底流し、潜在し、わだかまってきた問題の一切を「近代の超克」論に集約させたのである。このことは、「大東亜戦争」が「近代の超克」という近代日本の宿命の課題を負った戦争になったということでもある。こうして「支那事変」以来の、最終的決戦の予感をもって交わされてきた多くの議論、「東亜協同体」をめぐる政治学者たちの議論も、「世界史の立場」をいう哲学者たちの議論も、そして「詩」的叛乱をいうロマン主義的文学者の議論も、開戦とともに「近代の超克」という日本近代の宿命的課題を再確認し、あるいはそれを負い直すことになったのである。「近代の超克」とは「大東亜戦争」の開戦とともに成立し、そしてこの戦争とともに日本知識人が負っていった理念であり、課題でもあった。

一九五九年、竹内は「近代の超克」の思想はまだ過ぎ去っていないとして、その再検討の論を展開させた。そのことは「近代の超克」の理念を負う「大東亜戦争」と呼ぶ戦争そのものが、思想的にまだ過ぎ去っていない、片づいていないことを意味するだろう。たしかにサンフランシスコの講和条約は戦争に片をつけ、日本は冷戦下の国際社会に復帰し、経済的にも復興していった。だが日米安保条約の改定問題は、あらためて戦争の片のつけ方を問わしめることになった。片がつけられたのは太平洋戦争という対米英戦争であったのではなかったか。この戦争処理の延長上にいまの戦後日本があるのではないか。かくて竹内の「近代の超克」論の再論は、「大東亜戦争」論という性格をもたざるをえないのである。

2　戦争の二重性・一

竹内の「近代の超克」再論を読んでいくと、もう一つの主題は「大東亜戦争」であることに気づくだろう。私は最初この「大東亜戦争」論とは彼の「近代の超克」再論から派生する副次的問題であろうと考えていた。たしかに彼の議論の展開の筋道からすればそうである。だが本稿を書くに当たってあらためて竹内の再論を読み返してみて、むしろ「大東亜戦争」論こそ竹内自身の「近代の超克」論ではないかと思うにいたった。私がこの章のはじめに書いてきたのは、そのことを再確認するためでもある。竹内は「近代の超克」再論で、亀井勝一郎の戦後一〇年の時点における日本現代史への反省的発言を引いている。ちなみにあの座談会の主要な発言者であり、日本浪曼派の一員でもあった亀井の戦後的発言は、竹内の再論にあって重要な意味をもっている。[*5]

戦争とは当時の私にとっては、「近代化」された日本の精神の病的状態への、抵抗と快癒を意味するものでなければならなかった。すでに述べた様々の危機の克服の意志であり、民族の起死回生の祈りをひそめたものでなければならなかった。戦争は民族再生の祈願であり、戦争は「近代の超克」である。無数の戦死者は、その端的な行動において、一つの「純粋性」を実現した神聖なものとして私の眼に映じた。[*6]

竹内は亀井のこの発言を引いた上で、「近代の超克」の問題は「どうしても戦争の再解釈、再評価をふくまねば展開されぬことを示す点で、この亀井の発言は重要である」というのである。亀井は「近代の超克」の理念には、日本民族の再生の祈りがこめられているという。さきの戦争はこの理念を負っていたのである。「近代の超克」がなお戦後一〇年における日本人の課題であるならば、戦争もまた思想の上では片づいてないことになる。亀井の文章の帰結をそこまで追った上で竹内は、そこから「戦争の再解釈、再評価」の問題を受けとっていくのである。そして竹内は、亀井が座談会「近代の超克」における中国問題の欠落を反省する言葉、すなわち「今ふりかえって自分でも驚くことは、「中国」がいかなる意味でも問題にされていないことである」を引き、それを戦争の二重性をめぐる問題として展開させていくのである。

亀井は、戦争一般という考え方を排除し、戦争から対中国（および対アジア）侵略戦争の側面を取り出して、その側面、あるいは部分についてだけ責任を負おうというのである。私はこの点だけについていえば、亀井の考え方を支持したい。大東亜戦争は、植民地侵略戦争であると同時に、対帝国主義の戦争でもあった。この二つの側面は、事実上一体化されていたが、論理上は区別されなければならない。

竹内は亀井の考え方として「大東亜戦争」の二重性の問題をいうが、それは亀井のいうことではない。亀井は、東洋にありながら西洋であろうとした明治以来の日本の二重性をいい、それが日本人の対中国蔑視の感情をも長く支配してきたことをいうが、日華事変を侵略戦争とし、その責任を負うとはいっていない。[*7] これは亀井から「戦争の再解釈、再評価」の問題を受けとった竹内において展開されたものだと考えられる。亀井との関係はともかくとして、竹内は「大東亜戦争」の二重性をいうのである。対中国（およびアジア）の戦争としての「大東亜戦争」は侵略戦争であり、対米英の戦争とは帝国主義対帝国主義の戦争であったというのである。竹内は後に「戦争責任について」という短い文章で、この戦争の二重性を再確認する形でこういっている。「（私は）日本の行った戦争の性格を、侵略戦争であって同時に帝国主義対帝国主義の戦争であり、この二重性は日本の近代史の特質に由来するという仮説を立てた（『近代日本思想史講座』第七巻「近代の超克」）。したがって、侵略戦争の側面に関しては日本人は責任があるが、対帝国主義戦争の側面に関しては、日本人だけに一方的に責任を負ういわれはない、という論である。[*8]」竹内ははっきりとさきの二重性という「大東亜戦争」の性格規定は自身の立てた仮説だといっているのである。

だが対中国侵略戦争と対帝国主義戦争という「大東亜戦争」の二重性の規定は、はたしてこの戦争の性格規定として成立するものなのか。

3　戦争の二重性・二

日本が行った戦争が、「侵略戦争であって同時に帝国主義対帝国主義の戦争であ」るという二重の性格をもつというとらえ方は、あるいは責任論の文脈では成立するかもしれない。主として米英を敵とした戦争は帝国主義対帝国主義の戦いであり、いわばおあいこの戦争であって、東京裁判がしたように「文明」の名によって敗者が裁かれるようなものではない。しかし中国に対する戦争は侵略戦争であって日本ははっきりと責任をもっている、というように。責任論の文脈からすれば、あるいは戦争の二重性はこのように成り立つかもしれない。しかしそれとてもきわめて大ざっぱな議論であることを免れない。

帝国主義国家間戦争（二つの世界大戦）とは帝国主義的な覇権国家間の対立であり、それは帝国主義的な世界秩序とその再編をめぐる争いであって、そこから侵略戦争の性格を切り離すことなどできない。フィリピンへの日本の侵攻は、アメリカ・フィリピンにとっては侵略であろうし、シンガポールの攻略はイギリス・シンガポールにとっては侵略であるに違いない。それらと中国への日本の侵略は違うということは、中国に対する責任の大きさをあらためて確認させても、日本の行った帝国主義戦争の性格を変えるものでも、それを二重化させるものでも決してない。さきの戦争の二重性をいうことは、日本の対帝国主義戦争がアジア植民地諸国の独立への道を開いたといった自己弁護的な靖国神社史観を導くだけの話ではないか。しかし竹内の再論を読んでいくと、彼はただ「大東亜戦争」における戦争性格の二重性だけをいうのではなく、明治以来の日本の戦争史を含む対外関係史にまでその二重性を推し及ぼしていることを知るのである。戦争の二重性を日本近代史に敷衍する竹内の議論展開を、長さを厭わずここに引いておこう。

大東亜戦争はたしかに二重構造をもっており、その二重構造は征韓論にはじまる近代日本の戦争伝統に由来していた。それは何かといえば、一方では東亜における指導権の要求、他方では欧米駆逐による世界制覇の目標であって、この両者は補完関係と相互矛盾の関係にあった。なぜならば、東亜における指導権の理論的根拠は、先進国対後進国のヨーロッパ的原理によるほかないが、アジアの植民地解放運動はこれと原理的に対抗していて、日本の帝国主義だけを特殊例外あつかいしないからである。一方、「アジアの盟主」を欧米に承認させるためにはアジア的原理によらなければならぬが、日本自身が対アジア政策ではアジア的原理を放棄しているために、連帯の基礎は現実にはなかった。一方でアジアを主張し、他方で西欧を主張する使いわけの無理は、緊張を絶えずつくり出すために、戦争を無限に拡大して解決を先に延ばすことによってしか糊塗されない。太平洋戦争は当然「永久戦争」になる運命が伝統によって与えられていた。それが「国体の清華」であった。

「大東亜戦争」の二重構造は、征韓論以来の近代日本の対外関係史がもつ二重構造だと竹内はいい、そして太平洋戦争は「永久戦争」たらざるをえない運命を伝統によって与えられていたといい、それこそが「国体の清華」であったと「教育勅語」中の言葉をもって結んでいる。明治以来の日本の戦争伝統にまで拡大された二重性とは何なのか。そして「永久戦争」という不気味な言葉がなぜここに現れるのか。

4　日本近代史の二重原理

竹内は中国に対する侵略戦争と対米英の帝国主義戦争とを「大東亜戦争」がもつ二重性とした。彼は前者を「東亜における指導権の要求」の戦争とし、後者を「欧米駆逐による世界制覇の目標」*9を もったものととらえ直し、さらにこの両者を近代日本の対外関係史を貫く二重性として敷衍し、拡大していった。この両者は相互補完的であるが、しかし原理的には相互矛盾の関係にあると竹内はいう。東亜における日本の指導権の要求は、アジアにおいて唯一先進国化した日本のヨーロッパ的原理による要求であるが、その日本が欧米を駆逐して世界制覇しようとする日本の要求とは、アジアを背景にし、その盟主としてのアジア的原理に立ったものだというのである。さらに竹内はこれを征韓論に由来する近代日本の戦争伝統における二重原理だとするのである。だが日本のこの矛盾する二重原理の使いわけ、すなわち「一方でアジアを主張し、他方で西欧を主張する使いわけの無理は、緊張を絶えずつくり出すために、戦争を無限に拡大して解決を先に延ばすことによってしか糊塗されない」と竹内はいい、そこから「永久戦争」としての太平洋戦争の性格をいっていくのである。

私がここで竹内のさきの発言を解説しながら、最後にまたもう一度竹内の言葉を直接引くことでまとめざるをえなかったのは、これが他にいい換えようのない竹内的な論理と言語からなるものだからである。ともあれ竹内はさきの戦争に見た二重性を、征韓論以来の近代日本の戦争史・対外関係史を貫く矛盾的二重性として敷衍し、拡大しようとする。竹内による日本近代史へのあの二重性の拡大は、東洋において西洋的日本として独立しようとした日本の「近代化の悲劇」として中国侵略を反省的に記述する亀井の『現代史の課題』における展開を、竹内的に再構成したものだともいえるようだ。竹内の「近代の超克」再論の論旨を戦争の二重性格論に導いたのは、たしかに『現代史の課題』における亀井の発言であった。[*10] しかし戦後、亀井に中国問題についての反省的見方を教えたのは竹内の『現代中国論』(河出文庫、一九五一)であったことからすれば、竹内は彼自身の戦争の二重性論を、亀井の論に触発されながらも、日本近代史における二重原理論として自ら再構成させていったのであろう。私がここで亀井にかかわりながらくだくだしくのべているのは、戦時的「近代の超克」論を再検討する竹内の再論は、「大東亜戦争」の再評価の問題を通して彼自身の戦後的「近代の超克」論をなしていくことを再確認したかったからである。竹内による戦争の二重性論(日本近代史の二重原理論)をなお追跡するのに先立って、われわれは亀井による「日本近代化の悲劇」という反省的記述がどのような終わり方をしているかを見ておきたい。

日華事変から太平洋戦争に即して、日本近代化の悲劇をもし端的に表明するなら、こう言えるのではなかろうか。日本は、東洋における「西洋の継子」というすがたをはっきりさせるとともに、東洋における「東洋の継子」ともなって行った。太平洋戦争の末期にはあきらかに世界の孤児であった。そのときの孤独感と、そこからくる不安や焦慮のうちに、一方では憂うつな内攻性（国内問題）を帯びつつ、他方では極限の情熱（自爆精神）の虚構へとすすんで行ったように思われる。*11

亀井は東洋と西洋との矛盾を負った近代日本の悲劇の運命的な結末として太平洋戦争を見ているのである。これは、太平洋戦争は終結することのない運命を日本の戦争伝統によって与えられているという竹内とは違う。亀井はすでに太平洋戦争を日本近代化の悲劇的結末としているのだ。とすれば太平洋戦争に伝統が与える「永久戦争」の宿命を見る竹内は、あの二重性を一九五九年の日本の現在がなお引きずっている問題だとしていることになる。そのことは竹内による戦時的「近代の超克」論の再論が、彼自身による戦後的「近代の超克」論の構成であることをいっそうはっきりと示すものであるだろう。

5　アジア的原理は存在するか

竹内は対中国侵略戦争と対帝国主義戦争という「大東亜戦争」の二重性を、日本の「東亜における指導権の要求」と「欧米に対する世界制覇の目標」という相互矛盾する国家的な戦略目標の二重性としてとらえ直した。さらにこれらの国家戦略の基底にヨーロッパ的原理とアジア的原理という矛盾する二重原理があることを竹内は指摘した。こうして戦争の二重性は日本近代史に拡大され、近代日本の戦争史・対外関係史の二重性として敷衍されたのである。だが「大東亜戦争」とははたして二重の性格をもつのかと、私はすでに疑った。「大東亜戦争」を二つの戦争とすることは、日本の行った帝国主義的侵略戦争の性格を、自己弁護的にあいまいにするだけだと私はいった。この戦争の二重性を竹内がさらに近代日本の国家的な戦略目標の二重性に、あるいは矛盾する基底的原理の二重性に拡大するとき、私の二重性への疑いはいっそう強くなっても、変わることはない。

竹内がいう「東亜における指導権の要求」と「欧米に対する世界制覇の目標」といった近代日本の国家的な戦略目標が、一つの戦略目標として歴史の上に存在してくるのは第一次世界大戦以降のことである。ただすでに注記したことだが、竹内のいう「欧米に対する世界制覇の目標」とは過剰な表現と思われる。「世界制覇」で竹内が何を考えているのか。私はその語を「世界秩序の再編成の要求」の意に解して、そのまま使っていく。ところで日本は第一次世界大戦を通じて国際政治ゲームの主要プレーヤーの一つになるのである。その意味で一九二〇年とは日本近代史の大きな転換点である。日本は世界史の過程に強国として登場するにいたるのである。そのことは日本が世界秩序の再編成を要求しうる大国の一つになったことを意味している。竹内がいう「東亜における指導権の要求」と「欧米に対する世界制覇の目標」とが一つの国家的な戦略目標として顕在化するのは、ここからである。すなわちアジアの盟主として日本がアジアをヨーロッパに向かって要求していくのは、一九二〇年以降である。これが大陸における軍事行動をともなって世界に帝国日本の要求として明示化されていくのが、満洲事変に始まる「アジア・太平洋戦争」という日本の帝国主義的戦争過程である。この過程に日本軍部を含む権力内部にアジア派と欧米派との間の駆け引きや葛藤があっても、それは原理的な葛藤ではない。大陸政策という帝国日本の存立の絶対的前提というべき国家戦略に変容を加えるようなものではまったくない。昭和日本は欧米を向こうに廻しながら、この大陸政策に軍事的な形を与えていったのである。先進的ヨーロッパ文明国にならって先進国化の道をひたすら突き進んできた日本が、いま先進的文明諸国と帝国主義的覇権を競い合う段階に達したのである。それが昭和である。その昭和日本の立つ原理とはヨーロッパ的原理であって、アジア的原理ではない。竹内も福沢諭吉の文明論を借りながらいっている。

戦闘的啓蒙者としての福沢の役割りは、たぶん日清戦争まででおわっているだろう。彼の思想が国家の思想として実現し、定着することによって思想家そのものは消滅するのである。その後のすべての軍事行動、および外交政策は、ことごとく文明一元観によって正統化されることになる、少なくとも太平洋戦争の前の段階まではそうであった。[*12]

竹内がここで「文明一元観」といっているのは、日本の近代化をヨーロッパ文明化に一元的に方向づけた福沢の文明論的な立場をいっている。それはヨーロッパ的原理による近代化であり、これが近代国家日本の原理であったと竹内はいっているのである。ただそれを「少なくとも太平洋戦争の前の段階まで」と竹内が限定するのは、彼のいう戦争の二重性にかかわってであろうか。ともあれヨーロッパ的原理が近代日本国家の正統の原理であったと竹内もいうのである。ではアジア的原理とはどこにあるのか。はたしてそれは日本の国家戦略の基底にヨーロッパ的原理と矛盾葛藤する形で存在したのか。

アジア的原理とは、竹内もいうように、日本が欧米に対してアジアを背景に自己主張する際に必要とした対抗原理であった。だがその自己主張する日本とはヨーロッパ的原理に立つ先進国家であるゆえに、日本が装うアジア的原理の偽似性はすぐに露見してしまうのである。「「アジアの盟主」を欧米に承認させるためにはアジア的原理によらなければならぬが、日本自身が対アジア政策ではアジア的原理を放棄しているために、連帯の基礎は現実にはなかった」と竹内もいっていた。ヨーロッパ的原理は近代日本の国家形成の基底にはっきりと文明的実体をもって存在してきた。だがアジア的原理は、ヨーロッパ的原理が日本の国家形成過程に存在してきたように、存在してきたわけではない。それはヨーロッパ的原理への対抗と抵抗とが要請する非実体的な負の原理である。ヨーロッパに対するアジアの概念自体がすでにそうであった。「文明の否定を通しての文明の再建である。これがアジアの原理であり、この原理を把握したものがアジアである」[*13]と竹内はいっている。文明一元論的に世界を支配し、世界に浸透するヨーロッパ文明に否定的に対抗し、その否定として文明を再建しようとする原理がアジア的原理であり、その原理を把握するものがアジアであると竹内はいうのである。これは竹内によるアジア概念のすぐれた非実体的構成である。さればこそアジア的原理とは、日本近代史の非正統的少数者にになわれた抵抗的原理であったのである。とすればアジア的原理とは、近代日本の国家的戦略の基底にヨーロッパ的原理と矛盾しながら二重性をなして存在するような原理ではないはずである。ところが竹内の「近代の超克」再論は、「大東亜戦争」の二重性によって、近代日本国家の戦争伝統における矛盾する二つの原理の緊張的な持続をいい、それが「永久戦争」の運命を太平洋戦争（対米英戦争）に与えたというのである。これは一体何なのか。竹内は自らに反してアジア的原理を歴史の上に対抗原理として実体化しているのではないか。しかしあえてそうしながら竹内は、いったい何がいいたいのか。いいたいのは「永久戦争」なのか。

6 「永久戦争」とは

竹内は「近代の超克」再論で「太平洋戦争の思想的性格は、まだよくわかっていない」として近代日本の三大戦争（日清、日露、大東亜戦争）の開戦の詔勅を手がかりにして、戦争の「公の性格」をとり出そうとしている。「大東亜戦争」開戦の詔勅を竹内はつぎのように引いている。

天佑を保有し万世一系の皇祚を践める大日本帝国天皇は昭《あきらか》に忠誠勇武なる汝有衆に示す。／朕茲に米国及英国に対して戦を宣す。朕が陸海将兵は全力を奮て交戦に従事し、朕が百僚有司は励精職務を奉公し、朕が衆庶は各々其の本分を尽し、億兆一心、国家の総力を挙げて征戦の目的を達成するに遺算なからんことを期せよ。／（中略）事既に此に至る。帝国は今や自存自衛の為蹶然起って一切の障礙を破砕するの外なきなり。／皇祖皇宗の神霊上に在り。朕は汝有衆に忠誠勇武に信倚し祖宗の偉業を恢弘し、遂に禍根を芟除《さんじょ》して東亜永遠の平和を確立し、以て帝国の光栄を保全せんことを期す。*14

宣戦の詔勅を以上のように引用して竹内は、ここから戦争の思想的性格を導き出している。彼は「総力戦」の性格などを指摘した上で、「全体の文脈を通じて、永久戦争の理念が感じられる。戦争の究極目標は「東亜永遠の平和を確立」することであって、平和一般ではない。ここの文脈は世界制覇の予想をふくむものに読み取れる」と結論づけるようにいっている。竹内は詔勅のどことということなく、全体から「永久戦争」の理念が感じとられるというのである。ただ竹内は詔勅中の「東亜永遠の平和の確立」という言葉について、この「平和」とは戦争の「究極目標」であって平和一般ではないといい、この詔勅の文脈は「世界征服」の予想を含むといっている。戦争の「究極目標」とか「世界制覇」といった表現は、講和条約をもって終結するというような実際の相対的な戦争（平和）概念を越えた絶対的な戦争（平和）理念を指しているようである。「東亜永遠の平和」を目指す戦争とは、それゆえ理念的な永久戦争だと竹内はいうのだろう。竹内は「近代の超克」再論で高坂正顕ら京都学派の四人による「世界史の立場」の一連の座談会を高く評価している。ことに第三回の座談会「総力戦の哲学」について、宣戦の詔勅を「これほど完璧に説明しえたもの」はないと評価する。私がここに引いた竹内の詔勅解釈も、基本的に「総力戦の哲学」に負うものである。竹内は高坂らの「総力戦」をめぐる発言を引いている。すなわち、「総力戦」とは「すべてのものが変わってゆくことの表現」(鈴木正高)であり、それは永遠の戦争であり、戦争概念そのものを変えていく戦争であり、「戦争と平和という互いに対立したものを止揚し、いわば創造的、建設的戦争という新しい理念」(高坂)に導く戦争である、といった発言である。[*15] 竹内はこの「総力戦」についての京都学派の哲学的解釈によって「永久戦争」概念を再構成しているのである。その再構成に当たって竹内はさらに重要なものをこの座談会から受けとっていた。それは「大東亜戦争」の思想戦としての性格である。「総力戦」とは思想戦だと彼らはいうのである。竹内は引いていないが、しかし竹内の「大東亜戦争」再評価にとってもっとも意味をもったと思われる発言を引いておこう。

今度の戦争は要するに秩序の転換戦であり、世界観の転換戦なのだから、そして世界観というものが思想の事柄である以上、今度の総力戦は当然その根柢に於て「思想戦」という性格をもっている。……そして、今度の戦争がいつ終るかという場合、我々の言う新秩序思想を敵が納得し承服するところに於て、結局最後の終末がくる。この時が米英の敗ける時だ。ところがこれは、武力的に納得せざるを得ないところにつれてくる必要も勿論あるが、結局は思想的の納得による事柄だ。……要するに、対外対内にわたって思想を新しく転換させるというところに、今度の戦争

の本当の意味がある。[*16]（高山岩男）

「大東亜戦争」が思想戦であることによって、はじめて戦争は「永久戦争」の理念をになうのである。竹内は「永久戦争」の理念とともに、戦争の思想戦という性格規定もまたこの京都学派の座談会から受けとったのである。保田與重郎にとって戦争とは、一九世紀的なヨーロッパ的文明原理に対する文明的戦争であった。文明的戦争とは敗戦をもって終わることのない「永久戦争」であった。[*17]「大東亜戦争」が思想戦の性格をもつとされるとき、その戦争は終わりのない「永久戦争」の理念を負うことになるのである。

7　戦後的「近代の超克」論

竹内にしたがえば、「大東亜戦争」の二重性とはアジアにある日本がアジアを背景にして先進国日本として世界に存立する、近代日本の国家的存立そのものに由来する二重性であった。近代国家日本の存立基底にあるこの二重性に、対中国侵略戦争と対米英帝国主義戦争という二重の戦争的表現を与えていったのは昭和日本であった。宣戦の詔勅はこの二重性をもつ戦争に、「東亜の永遠平和の確立」という「永久戦争」的理念を与えたのである。そして昭和知識人たちは開戦の戦慄のうちに、この戦争の負う思想課題を「近代の超克」として受けとめた。そのことは近代日本の存立基底にある二重性の問題を、彼らが「近代の超克」という思想課題として受けとめたこと、すなわち「近代の超克」という思想戦争を戦う決意において受けとめたことを意味していた。その思想戦争は当然、「永久戦争」という終わりのない戦いでなければならなかった。竹内はこういっている。

「近代の超克」は、いわば日本近代史のアポリア（難関）の凝縮であった。復古と維新、尊王と攘夷、鎖国と開国、国粋と文明開化、東洋と西洋という伝統の基本軸における対抗関係が、総力戦の段階で、永久戦争の理念の解釈をせまられる思想課題を前にして、一挙に問題として爆発したのが「近代の超克」論議であった。

「近代の超克」という問題提起は正しかった。だがその思想戦争は実際に戦われることなく、その課題も敗戦とともに雲散霧消してしまったと竹内はいう。敗戦とともに消えてしまったのは「近代の超克」という課題とともに、日本近代史の二重性というアポリアであった。戦争は日中戦争を未解決のままに、太平洋戦争としてだけ終結し、その終結の上に日本の植民地的戦後は始まったのだと竹内はいう。思想戦争は行われなかった。それゆえ戦後日本人には思想的敗北感もないと竹内はいうのである。

そして敗北感のないことこそが今日の問題である。つまり敗戦によるアポリアの解消によって、思想の荒廃状態がそのまま凍結されているのである。思想の創造作用のおこりようはずがない。もし思想に創造性を回復する試みを打ち出そうとするならば、その凍結を解き、もう一度アポリアを課題にすえ直さなければならない。

一九五九年、日本が自主的にアメリカの核の傘の下に入ろうとする日米安全保障条約の改定問題が国民的論議になろうとするとき、竹内は日本人に己れの存立の基底にある二重性のアポリアにもう一度直面すべきことをいうのである。それに直面することから生まれる戦いは、もう一度抵抗する原理としてのアジア的原理を己れのうちに再確認させるだろう。この戦後的「近代の超克」の戦いの主体として日本人は、はじめて戦後の自立的日本を己れの手で創り出すことができるだろうと。

11

アジア主義という近代日本の対抗軸

日本近代史と戦争の二重性

「わけても世界史の此の偉大なる転換期に於て、若し日支両国が和衷協力するならば、亜細亜の事、手に唾して成るであらう。」

大川周明『大東亜秩序建設』

「西郷を反革命と見るか、永久革命のシンボルと見るかは、容易に片づかぬ議論のある問題だろう。しかし、この問題と相関的でなくてはアジア主義は定義しがたい。」

竹内好「日本のアジア主義」

1　なぜ二つの戦争か

竹内好は「大東亜戦争は、植民地侵略戦争であると同時に、対帝国主義の戦争でもあった。この二つの側面は、事実上一体化されていたが、論理上は区別されねばならない」と「近代の超克」再論[*1]でいっていた。この「大東亜戦争」の二側面は竹内にとって、「近代日本の戦争伝統」に繋げられるものであった。すなわち、「大東亜戦争はたしかに二重構造をもっており、その二重構造は征韓論にはじまる近代日本の戦争伝統に由来していた。それは何かといえば、一方では東亜における指導権の要求、他方では欧米駆逐による世界制覇の目標であって、この両者は補完関係と同時に相互矛盾の関係にあった」と竹内は説いていた。この二側面の前者、すなわち日本の「東亜における指導権の要求」は日中戦争（日華事変）として、後者の「欧米駆逐による世界制覇の目標」は太平洋戦争として軍事的に表現された。したがって「大東亜戦争」の二側面とは日中戦争と太平洋戦争という二つの戦争を意味している[*2]。この二側面あるいは二つの戦争とは、竹内もいうように、もともと相互補完的であり、一つのアジア・太平洋戦争の二側面であるはずである。だが竹内はなお二つの側面間に相互矛盾の関係を見て二つの戦争といい、さらにその二重性を近代日本の「戦争伝統」に結びつけて敷衍化し、拡大するのである。

昭和における日本帝国の国際戦略は、東亜の指導的国家としての日本による東亜新秩序の形成の要求として理念的に表明された。[*3] 新秩序の要求とは既成の世界秩序の再編成を要求することであり、ヨーロッパにおけるドイツとの世界戦略的な呼応関係をもちながら、世界戦争という結果を避けがたくもつものとしてあった。ところで私がこのようにとらえる昭和日本の帝国的な国際戦略は何らか二重の契機に規定されているものだろうか。東亜新秩序の形成要求と世界戦争への決意との間には何らか異なる二つの契機が働いていたのだろうか。あるいは日中戦争（日華事変）と太平洋戦争との間には全く矛盾するものがあったのだろうか。たしかに「事変」と「戦争」との間には、日本の政府・軍部当事者における懐疑もあり、逡巡もあり、異論もあったであろう。また日本の国民感情においても前者がいつまでも「事変」であり、後者は直ちに「戦争」と認められたような違いはあった。だが竹内を含めた知識人も、国民も、一二月八日の宣戦に感動し、晴れやかな気分を味わったのである。それは曖昧な「事変」のはっきりした回答を「戦争」に見出したからである。中国に対する帝国主義戦争ではないかという「事変」に抱いた人びとの疑惑は、東亜の恒久平和を確立するための対米英の「戦争」の開始によって一気に払われたのである。だが感情的な自己理解の上で「事変」への疑惑は払われても、「事変」も「戦争」も帝国主義戦争である事実において変わりはなかったのである。ただアングロ・サクソン的世界支配に対する被抑圧的アジアからの「戦争」という地政学的理由からくる正当性の感情が、中国における「事変」の不正を覆い隠したのである。

とすれば竹内がいう二つの戦争とは、日本人の感情におけるこの「戦争」と「事変」との違いをいっただけのようである。太平洋戦争は帝国主義対帝国主義戦争であり、日中戦争（日華事変）は中国侵略戦争である。前者について日本は「文明」の名によって裁かれるような責任を負うものではないが、後者については侵略の責任を深く負うと竹内はいう。これは私が今しがたいったような、アジアからの「戦争」という地政学的理由からの感情的正当性と、中国における「事変」の隠された不正とを、竹内は二つの戦争の区別としていっているようである。だから竹内における二つの戦争論とは、わずかに戦争責任論の文脈で成立するような性格のものではないかと、前章の「「近代の超克」と戦争の二重性」でも私はいったのである。だが竹内における二つの戦争論とは、ただ対帝国主義戦争であるか、植民地侵略戦争であるかといった区別だけをいうものなのか。そうであるかぎり二つの戦争とは、一つの帝国主義戦争の相互補完的な二側面でしかないだろう。だが竹内がこの区別を征韓論にまで遡って日本近代史の上に敷衍していくところを見れば、この区別にはもっと大きな思想的契機がはらまれているように思われるのである。

2　日華事変は未解決

竹内は「近代の超克」再論で、「大川の嘆きは、一九四一年における日華事変の解決不能に対して発せられたものであるが、それは一九四五年にも解決されず、一九五九年の現在もまだ解決されていないのは周知のとおりである」と大川周明にしたがうようにして日華事変の解決不能をいっている。ここで竹内がいう「大川の嘆き」とは、大川の『大東亜秩序建設』における「日支両国は何時までも戦ひ続けねばならぬのか。これ実に国民総体の深き嘆き」[*4]であるという言葉によっている。では「支那事変」の未解決の現状を嘆く大川は、事変の解決をどのように考えていたのか。

大川は「支那事変」を「世界戦争の一連鎖として、世界戦争と共に解決せらるべきものとする意見は、吾等の決して首肯し得ざるところ」だという。たしかに事変は「日支両国だけの関係」で考うべきものではない。事変の背後には米英が存在し、現に事変は対米英戦争にまで発展しているのである。だから「支那事変」は対米英世界戦争の処理とともに解決さるべしと一般にいわれるのである。しかし大川はそれに反対する。

支那事変は欧羅巴戦争に先《さきだ》ちて、日支両国の間に起れる悲劇である。その解決は決して第三国の介入を許さず、両国直接の折衝によって解決せねばならぬ。加ふるに大東亜戦争は、事実によって支那事変の性格を一変し、之を以て東亜に於ける一個の内乱たるに至らしめた。吾等は一刻も早く此の内乱を鎮定してこそ、初めて大東亜戦争の完遂を期し得るのである。

ここには「支那事変（日華事変）」と「大東亜戦争（太平洋戦争）」とを二つの戦争とし、その戦争の解決を別個のものとする見方が存在している。たしかに軍事的事態は「支那事変」から「大東亜戦争」へと進展した。しかし不幸にもいま戦争という形をとっているが、「日支両国」は本来「復興亜細亜の大義」によって相結ぶべきものであるのだと大川はいうのである。彼が「事変」の未解決の現状への嘆きとともにいう言葉をここに引いておこう。それは大川において、また竹内において「事変」を「戦争」から区別させるものが何かを教えるものである。

日支両国が何時までも戦ひ続けねばならぬのか。これ実に国民総体の深き嘆きである。普通の常識を以てしても、日支両国は相和して手を握れば測り知れぬ利益あり、戦つて相争へば百害がある。わけても世界史の此の偉大なる転換期に於て、若し両国が和衷協力するならば、亜細亜の事、手に唾して成るであらう。いま日支両国が復興亜細亜の大義によつて相結び、その実現のために手を携へて起つとすれば、印度また直ちに吾に呼応し、茲に独自の生活と理想とを有する大東亜圏の建設が、順風に帆を挙げて進行するであらう。

ここにあるのは大川周明が「日支両国」の関係にかけたアジア主義的願望である。大川が唱える「復興亜細亜」とは、欧米帝国主義の支配と従属から復興せんとするアジアの自立のための戦いをいっている。いまや「日支両国」は相携えて「復興亜細亜」の戦いの中核となるべき時なのである。だが不幸にも「日支両国」はいま戦争という事態のなかにある。あの「日支両国が何時までも戦ひ続けねばならぬのか」という、その解決が遠いことへの大川の嘆きはそこから生まれるのだ。しかし大川が「支那事変」の解決というのは、いかなる事態をいうのか。それはただ大陸での戦乱の終結をいうのか。大川はこういっている。

大東亜戦争当面の目的は、大東亜地区より米英其他の敵性勢力を掃蕩することにあり、其次に来るものは大東亜秩序の確立であるが、そのための絶対的条件をなすものは支那事変の処理、即ち支那との和衷協力である。

「支那事変」の解決とは、「日支両国」における「和衷協力」関係の実現だというのだ。それこそが「大東亜戦争」が目的とする「大東亜秩序の確立」の絶対的な条件をなすものである。「支那事変」の解決とは、日本と中国とが同志的な平和的協力関係を実現することであって、それなくして「大東亜戦争」が掲げる大東亜新秩序の確立などはそもそもありえないというのである。だから「大東亜戦争」の遂行のなかで「支那事変」の処理を考えるというのは、大川にとって本末転倒なのである。日華事変の解決が、ただ大陸の戦争状態の終結といったことではなく、アジア復興に向けて日中両国が同志的な協力関係を実現することだとするならば、竹内もいうように、太平洋戦争開戦の一九四一年にそれは解決されることはなかったし、また一九四五年の敗戦を通じて解決されることもなく、日米安保条約改定の一九五九年の現在に至ってもなお解決されないままだということになるだろう。そして戦後六〇年の現在に至ってもなお未解決であると、あの世の竹内はきっというだろう。

3　日本近代史のアポリア

大川は「支那事変」の解決は「大東亜戦争」の遂行のなかでなされることはなく、むしろ前者の解決こそ後者の戦争理念実現の絶対的な条件だといっていた。彼は「支那事変」を「大東亜戦争」の一連鎖として考えることを斥けた。その意味で「支那事変」と「大東亜戦争」とは大川においても二つの戦争であった。彼に二つの戦争を区別させたのは、「支那事変」に読み込んだ大川のアジア主義的な願望ないし要求であった。アジア主義とはここでは大川の言葉によって、「日本の国家的統一と支那の革新、此の両者の堅き結合による亜細亜復興」を、維新精神の継承者における宿命的な課題とする日本人の政治的、思想的立場だといっておこう。このアジア主義的な願望ないし要求が読み入れられるものであるかぎり、「支那事変」とは「大東亜戦争」に至り着く一つの戦争過程ではない。「支那事変」とは、本来復興アジアの同志であるべき「日支両国」が不幸にも戦争という形をとっている現在の事態をいうのである。それゆえ事変の解決とは、「日支両国」のこの本来的同志関係を実現することであるのだ。そのためには戦争という事態にある「日支両国」の現状の変革が不可欠であるだろう。私はいまアジア主義の論理にしたがっていっているのである。昭和のアジア主義が、昭和維新を唱える革新者に担われるものであるかぎり、「支那事変」の解決の論理は必ずそのようにたどられるはずである。だが昭和維新が叫ばれた日本の体制的変革の時期は、すでにとうに過ぎている。大川が青年将校たちと「三月事件」と呼ばれるクーデターを企てたのも昭和六年(一九三一)であった。その一〇年後、昭和一六年(一九四一)の「大東亜戦争」の開戦とは、昭和初年における体制的変革の要求を総力戦的体制へと吸収転化してしまった結果だともいえるだろう。大東亜新秩序確立の目的を掲げる「大東亜戦争」の開戦にもかかわらず、「支那事変」の解決はむしろ遠う退いてしまったのである。大川の嘆きはいっそう深いのである。

私がいま大川の嘆きの由来をこのようにたどるのは、竹内がこの大川の嘆きに重ねるようにして日華事変の解決不能をいっているからである。すでに引いたように竹内は、一九五九年の現在に至るも日華事変は依然として解決していないといっていた。竹内における日華事変の解決とは、ただ戦争状態の終結をいうのではない。彼もまた大川と同様に、日中両国における和衷協力関係の確立に事変の真の解決を見ているのである。とすれば、竹内もまた日華事変に読み入れているのはアジア主義的願望であり、要求だということになるだろう。そう考えることではじめて、竹内においてなぜ二つの戦争であるのかをもわれわれに理解されてくる。日華事変の背後にアジア主義的課題を見ることによって、日華事変は太平洋戦争に決して吸収されない、日本とアジアにとって喫緊の解決課題を負った戦争となるのである。そして日華事変へのアジア主義的課題の読み入れは、竹内をして二つの戦争を近代日本がその出発時から負う二重性と結合させるのである。竹内はこの二重性を「日本近代史のアポリア(難関)」と呼んだ。

「近代の超克」は、いわば日本近代史のアポリア（難関）の凝縮であった。復古と維新、尊王と攘夷、鎖国と開国、国粋と文明開化、東洋と西洋という伝統の基本軸における対抗関係が、総力戦の段階で、永久戦争の理念の解釈をせまられる思想課題を前にして、一挙に問題として爆発したのが「近代の超克」論議であった。[*5]

「日本近代史のアポリア」、すなわち近代日本の解決困難な矛盾的二重性の昭和における体現が「大東亜戦争」であるのだ。だから「大東亜戦争」は、「近代の超克」という思想戦の課題をも担うのである。なぜなら「近代の超克」とは、アジアにあってアジアではない近代日本のアポリア（矛盾的二重性）の凝縮だからだと竹内はいうのである。この近代日本のアポリアの解決と、日華事変の真の解決とは竹内において等しい、しかも解決困難な課題であった。それはあえていえば、日本のアジア的な真の自立という課題である。だが日本人は一九四五年の敗戦とともにこのアポリアを解消してしまった。そして太平洋戦争の終結とともに日華事変もまたうやむやに終わらせてしまったのである。一九五九年の竹内が、一九四三年の「大川の嘆き」を回想して嘆くのはそれゆえである。竹内は彼の「近代の超克」再論の最後に書いている。「もう一度アポリアを課題にすえ直さなければならない。そのためには少くとも大川周明の絶句した地点まで引き返して、解決不能の「日華事変」を今日からでも解決しなければならない」と。

4　アジア主義とは何か

私はここまで、すでに前章で追った「近代の超克」再論における竹内の論理を「二つの戦争」論としてもう一度辿っているようである。だが私がここで辿り直しているのは、前章の結論を再確認するためではない。むしろあの結論を、あるいは上に引いた「少くとも大川周明の絶句した地点まで引き返して、解決不能の「日華事変」を今日からでも解決しなければならない」という結語を導く竹内の論理構成を辿り直すためである。いいかえれば、竹内は「日本近代史のアポリア」あるいは「二つの戦争」論をいかに構成し、そこからあの結論をいかにして導いたかを辿り直すことである。そのことは竹内自身の「近代の超克」論を解きほぐすことでもあるだろう。

竹内は「大川の嘆き」を共にすることで「日華事変の解決不能」をいっていた。そのことは、竹内が大川とともに日華事変にアジア主義的な立場からの読み入れをしていたことを意味した。私はさきに「アジア主義」を大川の言葉によって、「日本の国家的統一と支那の革新、此の両者の堅き結合による亜細亜復興」を、維新精神の継承者における宿命的な課題とする日本人の政治的、思想的立場だといった。この定義を、私はいわゆるアジア主義をすべて包括しうるものとしていうつもりはない。私はただ昭和日本の国家的進路におけるオルタナティヴをなす政治的、思想的立場、すなわち戦争を二つの戦争とし、日華事変の解決による日中両国の協力的結合の実現をアジアにおける日本の優先的な国家戦略として主張する立場をアジア主義として、上のように定義したのである。これは大川を背後に置いてなされる竹内の議論が要請するアジア主義の定義である。だが竹内が強い思想的シンパシーをもって依拠する大川周明の「支那事変」観とは、はたして昭和日本の国家戦略のオルタナティヴをなすようなものであったのだろうか。大川はいわゆる二一ヵ条要求（一九一五年）に始まる日中関係の推移をこう概括している。

それ故に条約の精神は明白に亜細亜復興の要件なりしに拘らず、之を因縁として支那の排日運動は、年々広汎深刻を加へ、それが満洲にまで波及せるため、遂に満洲事変の発生を見るに至つた。而して日本は既に述べたる如く、此の事変によつて其の誤れる進路を改め、維新精神に復帰して亜細亜解放の戦士たる覚悟を決着し、支那との間にも従前にまさりて緊密なる内親的結合を再建せんと努めたのである。是くの如き日本の精神と理想とは、対米英宣戦によつて火の如く瞭然となれるに拘らず、蔣政権が今尚ほ亜細亜共同の敵と相結んで、興亜の大義を蹂躙しつつあることは、真に痛恨無限と言はねばならぬ。[*6]

ここで大川が「其の誤れる進路」といっているのは、ワシントン会議（一九二一）から満洲事変（一九三一）にいたる一〇年間のいわゆるヴェルサイユ体制に協調してきた日本の対外政策を指している。大川はこの時期を、「英米から世界の模範的市民とほめられて居た十年間」と呼んでいる。この時期、「日本の真実の姿は暗雲に蔽はれ、明治維新の二大綱領は、天皇機関説の横行、及び現状維持のための平和主義の跋扈によって蹂躙され、大陸発展の如きは侵略主義者・軍国主義者の危険なる欲望と考へられるに至つた」と大川はいうのである。満洲事変は一挙に日本外交のこの誤りを正したのである。「日本の誤れる進路は、満洲帝国の建設と共に、一挙正しき転向を見た。満洲建国は、日本が亜細亜抑圧の元凶たる英米との協調を一拋し、興亜の大陸に邁往し初めたものとして、まさしく維新精神への復帰である」と。日本の誤まれる一〇年をめぐる糾弾を含めて上引の大川の発言を見れば、これがいかなる意味で昭和日本の国家的進路のオルタナティヴをなすものといえるだろうか。これは満洲事変を突破口として軍事的に実現していった日本帝国の大陸政策を率先して支持する言説以外の何ものでもない。たかだかそれにアジア主義的な脚色が施されているだけである。アジア主義とはここでは日本の帝国主義的大陸政策の色つけにすぎない。大川の立場がオルタナティヴをなすのは、ただ一〇年間の誤れる日本の進路を主導してきたとされる欧米協調派に対してだけである。だが欧米協調派に対する亜細亜強硬派が大川などのオルタナティヴな立場だとすれば、それはむしろ一九三一年以降の帝国主義的日本の正統的な立場となってしまうだろう。昭和日本のアジア主義は決して帝国主義的日本のオルタナティヴをなすものではない。

ではこの大川を引きながら戦争を二重化し、日華事変の独自の解決にこだわる竹内は大川を誤読しているのか。あるいはそれは竹内による意図的な引用なのか。

5 アジア主義の弁明的再構成

近代日本のアジア主義を解説する竹内の論説「日本のアジア主義」*7は、彼によってアジア主義がいかに再構成されるかを記述する。彼はそこでほとんど玄洋社・黒竜会系のそれだけを「日本のアジア主義」として認定し、記述するのである。竹内は転向マルクス主義者平野義太郎の「大アジア主義」を糞味噌にケナし、「こういう自称大アジア主義は、それが思想の名に価せぬものであるから、われわれの遺産目録にかかげるわけはいかない」という。平野をアジア主義の認定リストから追放した上で、竹内はこういっている。

彼(平野)は玄洋社のアジア主義を卑小化して祖述しているのに過ぎない。本物の玄洋社流のアジア主義は、見方によっては徹頭徹尾、侵略的ではあるが、その侵略性を平野のように隠してはいない。そして時勢におもねるのではなくて、時には政府に反抗して主張されたものである。したがってわれわれは、アジア主義の一類型として当然こちらを採用しなければならない。

竹内は平野をアジア主義の認定リストから追放した上で、玄洋社流のアジア主義をその名に価するものとして採用するのである。何がアジア主義であるかは竹内によって認定される。いかにそれが侵略主義、膨張主義的なものであろうとも、その反政府的な突っ張りの態度をもってアジア主義として認定されるのである。竹内の認定基準とは、「時勢におもねるのではなくて、時には政府に反抗して主張されたもの」であることだ。この反政府的な突っ張りの態度をもって、大陸への膨張主義が近代日本の国家経営におけるオルタナティヴな立場としてアジア主義の名を竹内によって認定されるのである。たしかにアジア主義は日本の近代国家形成における膨張主義と不可分である。この膨張主義から離れてアジア主義はない。そのアジア主義に近代日本の進路決定における対抗軸を見ようとする竹内の論説「日本のアジア主義」は、したがって膨張主義に対する弁明に終始することになるのである。

（アジア主義は）とくに膨張主義とは大きく重なる。もっと正確にいうと、発生的には、明治維新革命後の膨張主義の中から、一つの結実としてアジア主義がうまれた、と考えられる。しかも、膨張主義が直接にアジア主義を生んだのではなくて、膨張主義が国権論と民権論、または少し降って欧化と国粋という対立する風潮を生み出し、この双生児ともいうべき風潮の中からアジア主義が生み出された、と考えたい。

そもそも「侵略」と「連帯」を具体的状況において区別できるかどうかが大問題である。玄洋社の転向のあつかい方にも問題がある。朝鮮問題の場合、結果はたしかに「日韓併合」という完全侵略におわったわけだが、その過程は複雑であって、ロシアなり清国なりの「侵略」を共同防衛するという一側面も「思想」としてはなかったわけではない。

（アジア主義は）どんなに割引しても、アジア諸国の連帯（侵略を手段とすると否とを問わず）の指向を内包している点だけには共通点を認めないわけにはいかない。これが最小限に規定したアジア主義の属性である。

初期ナショナリズムと膨張主義の結びつきは不可避なので、もしそれを否定すれば、そもそも日本の近代化はありえなかった。問題は、それが人民の自由の拡大とどう関係するかということだ。

近代日本の対外的膨張主義は、この竹内の弁明を通じて辛うじてアジア主義の名をえるのである。アジア主義とは竹内において近代日本の国家形成ないしその進路におけるオルタナティヴ、すなわちアジア的原理による対抗軸をなすものであった。ヨーロッパ的原理による一国的先進国化が、近代日本の国家形成の基本軸・中心軸であったとすれば、アジア的原理による国家形成はその対抗軸をなすものである。アジア的原理による国家形成とは、上で竹内がいっているように、アジア諸国との連帯を基礎にしたアジア的国家としての日本の自立的な国家形成を意味した。[*8] では近代日本の膨張主義（侵略主義でもある）に、上のような弁明をあえてしながら竹内がアジア主義の名を与えていこうとするのは何を意味するのか。

6　アジア主義という対抗軸

「初期ナショナリズムと膨張主義の結びつきは不可避」であったと竹内はいう。たしかに近代国家の形成は一方では求心的国家的な統合を必要とするとともに、対外的な膨張ないし飛躍による国家的発展をも志向する。それらはいずれも国家主義《ナショナリズム》である。それゆえ中心に向けての国体論的な国家の統合化と、大陸に向けての飛躍という国家の拡大化とは、近代天皇制国家日本の成立とともにもたれた二つの国家的志向であった。明治政府の成立とともに征韓論が提起されたのはそれゆえである。ところで日本の近代国家形成はどのような歴史的、国際的環境のなかでなされていったのか。

日本が近代国家の形成を始めた一九世紀後期とは、ホブズボームが「帝国の時代」と呼ぶ世界史的時期である。彼が一八七五年から一九一四年にいたる時期をもって画する「帝国の時代」とは、「ヨーロッパとアメリカ大陸を除く世界の大半が、一握りの国々のうちのいずれかの公式の統治もしくは非公式な政治的支配の下に置かれる領土として、正式に分割され」*9ていった時代である。その一握りの国々とはイギリス・フランス・ドイツ・イタリア・オランダ・ベルギー・アメリカ合衆国であり、それに遅れて日本が加わっていく。一九世紀後期世界における先進国化とは、先進帝国主義国家の列に加わっていくことでもあった。欧米の軍事力をともなった開港の強要から近代化への変革の道をとった日本は、アジアからの先進国化への道をひたすら急ぐのである。それはアジアにおける新たな帝国主義的国家としての自己形成の道でもあった。だから明治政府は明治九年（一八七六）に朝鮮との間に日朝修好条規を締結するのである。それはかつてペリーが日本に押しつけた不平等条約を、今度は日本が朝鮮に押しつけるものであった。しかしアジアからの日本の先進国化には、ヨーロッパへの同化とともに対抗の契機が同時に孕まれざるをえない。だから大陸への日本の帝国主義的な拡大要求にほかならない膨張主義には、日本のアジア的基盤の確立への要求が込められざるをえないのである。竹内が膨張主義から弁明的にアジア主義を再構成していくのは、大陸への膨張主義がもつアジア的基盤確立へのこの要求によってである。

だが日本の膨張主義がもつアジア的基盤確立への要求とは、日本の帝国主義的進路の有力な補助線をなすものであっても、その進路のオルタナティヴをなすようなものではない。竹内が再構成するようなアジア主義を、たとえば宮崎滔天という人物の生涯の上に見ることができても、近代日本の国家的進路のオルタナティヴをなす政治的、思想的立場として見出しうるものではない。竹内が膨張主義にあえてアジア主義を認めるのは、ある思想態度によってであった。彼は平野義太郎をアジア主義の認定リストから追放し、玄洋社や大川周明にアジア主義を認定した。それは後者に見る「反政府的な突っ張り」の態度によってだと私はさきにいった。これはアジア主義を矮小化するものだと人はいうかもしれない。しかし竹内が膨張主義へのあの弁明をしながら、あえて日本近代史にアジア主義という一本の対抗軸を引いたのは、彼におけるこの突っ張りの思想態度によってであるだろう。征韓論から「大東亜戦争」にいたる日本近代史の二重化は、竹内によって引かれたアジア主義という対抗軸によってはじめて成立するのである。

アジア主義とは日本近代史を規定する中心軸に対して竹内が引いた対抗軸である。中心軸が何かとは、それに対して引かれた対抗軸との相関で規定されてくる。アジア諸国との連帯に立つアジアにおける国家としての日本の自立的な国家形成を求めるアジア主義という対抗軸を引くことで、アジアにおいて指導的国家として一国的にヨーロッパ流の先進国化をひたすら追求する日本の道が、近代日本の国家形成を貫く中心軸としていっそう顕わにされるのである。ところで私はいまアジア主義を「竹内が引いた対抗軸」といった。この対抗軸はヨーロッパ的原理に一元的に支配された先進国化への道を望まない誰れによっても引かれうるのである。私はいま竹内の論説「近代の超克」と「日本のアジア主義」とによって、日本近代史におけるアジア主義という対抗軸の意味を問うているのである。それゆえ私はそのアジア主義を「竹内が引いた対抗軸」というのである。さらに私がアジア主義を「竹内が引いた対抗軸」ということによって、アジア主義を日本近代史における思想実体として前提する見方を私はとらないことをもいおうとしている。アジア主義とは竹内がしているように、抵抗し、突っ張るものが日本の近現代史に引く思想的な対抗軸である。アジアとは方法的概念だと竹内はいうが、[*10] アジア主義もまた非実体的な方法的概念である。竹内がアジア主義という対抗軸を引くことで、日本近代史ははじめて対立矛盾し、葛藤する二重性として現われるのである。そして日華事変はなお未解決の問題として、永久戦争的な思想的課題をわれわれにつきつけるものとなるのである。

最後に福沢文明論をめぐる竹内の論説「日本とアジア」から次の文章を引いて、最終章における私の結論への手がかりにしたい。

文明の否定を通しての文明の再建である。これがアジアの原理であり、この原理を把握したものがアジアである。……日本が西欧であるか、それともアジアであるかは、工業化の水準だけで決めるべきではない。より包括的な価値体系を自力で発見し、文明の虚偽化を遂行する能力があるか否かにかかっていると見るべきである。それが発見できればアジアの原理につながるし、発見できなければエセ文明と共に歩むほかない。[*11]

12

アジアによる超克とは何か

「方法としてのアジア」をめぐって

「文明の否定を通しての文明の再建である。これがアジアの原理であり、この原理を把握したものがアジアである。」

竹内好「日本とアジア」

「その巻き返す時に、自分の中に独自なものがなければならない。それは何かというと、おそらくそういうものが実体としてあるとは思わない。しかし方法としてありうるのではないか。」

竹内好「方法としてのアジア」

1 竹内の「六〇年講義」

「方法としてのアジア」というタイトルをもつ竹内好の講義は、国際基督教大学における思想史方法論をめぐる丸山眞男・大塚久雄らによる連続講義の一つとしてなされたものである。これは一九六一年一一月に創文社から刊行された『思想史の対象と方法』(武田清子編)に収録されている。[*1] 竹内の講義がいつなされたのか、武田清子の「あとがき」には何も記されていない。ただ「過去二ヵ年近い間」の連続講義と武田がいっていることからすれば、六〇年か、それをはさむ前後の時期になされたものであろう。私はそれを仮に「六〇年講義」と呼んでおく。私が本書で論及した竹内の「近代の超克」再論を収録する『近代化と伝統』[*2]は五九年に刊行された。また竹内の解説「日本のアジア主義」を付した『アジア主義』[*3]は六三年に刊行されている。それからすれば戦後日本の大きな転換点である六〇年という時期、竹内による昭和日本の反省的考察が戦後日本と抗争的に交錯しながらなされていったその時期に、この「方法としてのアジア」という講義もなされたことになる。彼はここで学生たちを聞き手として、近代中国とそれに対比される近代日本についての見方を軸に、現在の思想的課題とその方法とを平易に語っている。そしてこの講義の末尾を竹内は「方法としてのアジア」をいうことで結び、その言葉を講義のタイトルともしたのである。この「方法としてのアジア」という言葉によって、竹内とこの「六〇年講義」とは、やがて半世紀を経ようとするいま、そして「東アジア共同体」がうそぶかれ始めているいま[*4]、現代世界におけるアジアの視点をめぐる真剣な再考をわれわれに促すものとなっている。

竹内はこの講義で日本の近代化を問い直すことから始めている。もちろん日本近代化の問い直しとは、戦後における竹内の思想的主題であった。そしてこの主題への竹内的ともいうべき方法は、日本の近代化を中国の近代化との対比によって問い直すことにあった。先進的近代ヨーロッパとの距離と差異とによって日本近代を診断する近代主義に対して、竹内は中国の後進的近代との対比によって日本の近代化への道を問い直し、相対化するのである。この視点と方法こそ竹内に戦後日本の思想世界における独自な位置を与えたのである。竹内はこの講義で、一九一九年に日本を訪ね、そしてちょうど五・四運動の起こった中国をも体験したアメリカの哲学者デューイの日中比較論を引きながら語っている。五・四運動は日本の中国に対する帝国主義的要求に対する反発から起こった運動であり、この運動自体が日中両国における近代化過程のはるかな差異を示すものであった。日本はすでに帝国主義的国家として列強の一つになろうとしていた。中国は近代国家への苦難の道を歩み始めたばかりである。その中国でデューイは五・四運動に接して、新しい近代中国の芽生えを見出したのである。竹内はデューイの日中比較論を彼の言葉でこうまとめている。

日本は、見かけは非常に近代化しているようであるけれども実はそうじゃない。あれは根がないものである。このままではおそらく日本は破滅するだろうと彼は予言しております。

当時の中国というものは、救いようがないもので、混乱してあのまま解体してしまうというふうに国際的に見られていた。その中において、学生が挺身して、自国の運命を担って立ち上がった。この青年の元気、そういうものを通して彼デューイは、中国文明の見かけの混乱の底に流れている本質を洞察した。世界において今後発言力をもつことを予見した。見かけは進んでいるが日本はもろい。いつ崩れるかわからない。中国の近代化は非常に内発的に、つまり自分自身の要求として出て来たものであるから強固なものであるということを当時言った。*5

竹内はデューイによりながら彼自身の反語的な近代化論をのべているのである。そのみせかけの表面性によって日本の既成近代を否定し、その内発的自立性によって中国の未成の近代にほんものを竹内は見るのである。竹内はこのようにまず日中比較論的視点によって日本近代の問い直しを学生たちに提起するのである。この問題提起に対する質問に答える形で竹内は彼の日中比較論、日中近代化論を補足していき、最後にアジアからの近代化をめぐってあの「方法としてのアジア」を語ることでこの講義を結ぶのである。

2　「方法としてのアジア」

竹内はこの「六〇年講義」で日中近代化論をデューイの考え方をもってさらにこう補充している。たしかに竹内はそこでデューイの考え方として語るのだが、だがこれは竹内的に再構成されたデューイである。デューイにおける日中の比較が竹内的に再構成されると、このような近代化の類型論的比較になる。

近代化が日本の場合ですと、元の日本的なものの上にまばらに西洋文明が砂糖みたいに外をくるんでいる。中国はそうでなくて、デューイの考え方によれば、元の中国的なものというのは非常に強固なものであって崩れない。だから近代化にすぐ適応できない。ところが一旦それが入って来ると、中のものをこわして、中から自発的な力を生み出す。そこに質的な差が生ずるということです。中国は非常に表面は混乱しているけれども、西洋人の目から見た近代性という点ではるかに中国のほうが日本よりも本質的であるということを言っております。

ヨーロッパの帝国主義的列強の後を追うようにして強国日本をアジアに現出させたこの日本近代の批判を竹内は、「魯迅的中国」を批判的な視座として構成しながら、戦後日本で展開させた。[*6] 帝国日本の敗戦の現実を目の前にしながら、一方に人民中国の胎動をたしかに聞いていた戦後日本のわれわれにとって、竹内のこの言説展開は日本近代批判としての根柢性をもっていた。だがこの日本近代批判の言説が、中華人民共和国としてのたしかな存立を見ながら、やがて日中近代化比較論として類型構成的に語り直されていくとき、日本近代批判の根柢性はどこかに消えてしまう。日本のこの近代が歴史的に問われるのではなく、近代化の構造的な型が問われてくるのである。内発的であるのか、外発的であるのか。土着的であるのか、受容的であるのか。そして内発的である近代とはアジア的であり、外発的であるところではヨーロッパ的原理が支配するとされる。そこから「アジア的近代」というもう一つの近代の理念が生まれることになるのだ。竹内がこの「六〇年講義」で日中比較論を語ったとき、それがポスト竹内的というべき「アジア的近代」という言説をもたらすことを彼は予想しただろうか。竹内はデューイによって日中近代化の類型を語り出しながら、その語り出しに彼は確信をもってはいなかった。彼はさきの日中近代化比較論をのべてすぐに、「これはむずかしい問題で、私も、確信をもってこうだというふうに言えない。ただそこに考えるべき問題があるということを提示するわけです。われわれの国がだめだということはないので、やはり日本人は日本人としての優れたものがあって、ともかく明治維新というものはたいへんなものです」と言い訳めいたことをいっている。

後進的アジアにおける内発的近代化という類型を構成するとき、この類型論的理論構成は自ずからこの近代化の基礎に何らかアジア的なもの、すなわちアジア的実体を要求することになる。竹内がそれを要求しているというのではない。この理論構成が自ずから要求するのである。だから竹内のこの講義を聞く聴衆から、アジア的なものに基礎を置く近代への問いが出てくるのは当然なのだ。ある質問者が戦後日本におけるアメリカ型の民主主義教育の破綻を指摘しながら、アジア的なものに基礎を置く教育の可能性を竹内に質したとき、この質問者は竹内の近代化比較論をまっすぐに受けとめていたのである。だがこの質問から、「方法としてのアジア」という竹内の言葉が答えとして導かれることになるのだ。

竹内はこの質問に答えるに当たってまず人間的価値の共通性をいう。あの質問への竹内のこの答え方は重要である。この答え方は、彼がアジア的・ヨーロッパ的なものの実体化に向かうものではないことを明らかにしているのである。人間的価値も、文化的価値も共通である。近代社会が構成する自由や平等という価値理念もまた共通である。だがそれらは現実の人間にになわれて社会に浸透していく。近代とはヨーロッパがアジアを先進と後進、支配と従属という関係のなかに、軍事力をもって配置していった時代である。そのヨーロッパによってになわれた自由や平等という価値理念は変質する。支配するヨーロッパにとっては独善的な理念となり、従属するアジアにとっては強制され、与えられた理念となる。竹内の言葉でいえば、「自由とか平等とかいう文化価値が、西欧から浸透する過程で当然、……植民地侵略によって支えられていることによって、価値自体が弱くなっている」のである。この弱くなった価値をもう一度本来のものへと高めてやること、それができるのはアジアではないかと竹内はいうのである。

西欧的な優れた文化価値を、より大規模に実現するために西洋をもう一度東洋によって包みかえす、逆に西洋自身をこちらから変革する、文化的な巻き返し、あるいは価値の上の巻き返しで、東洋の力が西洋の生み出した普遍的な価値をより高めるために西洋を変革する、これが今の東対西という問題点になっている。……その巻き返す時に、自分の中に独自なものがなければならない。それは何かというと、おそらくそういうものが実体としてあるとは思わない。しかし方法としてありうるのではないか。[*7]

「方法としてのアジア」とは、竹内によってこのように提示された。その言葉は、ヨーロッパと等置されるこの近代に何らか「実体としてのアジア」を構成して対峙するのとは異なる、アジアからこの近代を包みかえし、変革していく道を示唆するものであった。だが竹内の継承者たちは、この言葉をそのようにはとらなかった。

3 「方法としての中国」

溝口雄三が『方法としての中国』[*8]のタイトルをもった書を公刊したのは一九八九年六月である。八九年の六月四日といえば天安門事件によって世界が記憶する日である。その前年八八年の秋に、私はやがて起きる事件を予感しながら北京にいた。私はそこで日本思想史の講義の傍ら、当時『現代思想』誌に連載していた『「事件」としての徂徠学』[*9]の一部の章を書いていた。私はこの書によって思想史の方法的転換を遂げていった。溝口も「十年の動乱」という文革後の改革開放の中国、すなわち政治主義から経済主義へと国家の主導原理を大きく転換させた中国を目の前にして、中国研究の戦後的視点の決算の意味をこめて『方法としての中国』を書いた。竹内の「方法としてのアジア」を十分に意識して溝口は「方法としての中国」をいったのである。だが一九八九年に溝口がいう「方法」とは、一九六〇年に竹内がいった「方法」であったのか。

中国を方法とするということは、世界を目的とするということである。思えば、これまでの――中国なき中国学はもはや論外として――中国「目的」的な中国学は、世界を方法として中国を見ようとするものであった。……世界が中国にとって方法であったのは、世界がヨーロッパでしかなかったということで、逆にいえば、だから世界は中国にとって方法たりえた。

中国を方法とする世界とは、中国を構成要素の一つとする、いいかえればヨーロッパをもその構成要素の一つとした多元的な世界である。

これは溝口の『方法としての中国』から、それをタイトルとした章から引いたものである。溝口の文章は分かりにくい。その分かりにくい文章から、部分的に引いても、彼のいう「方法としての中国」が分かるわけはないが、しかし手がかりにはなるだろう。彼のいう「方法」とか「目的」というのは、認識における方法とか目的をいっているようである。ここでは中国学とか中国研究における中国認識のあり方が問われているのである。オリエンタリズムというヨーロッパからの中国認識、伝統的シナ学《シノロジー》を構成してきたような中国認識は、中国を目的として世界（ヨーロッパ）を方法とした認識であり、これを溝口は「目的としての中国」的認識というのである。世界の革命図式によって中国革命を裁断するマルクス主義的中国認識をも溝口は「目的としての中国」認識に含める。では「方法としての中国」とは何か。それは独自的中国を方法として世界（ヨーロッパ）を認識することだと溝口はいう。中国を中国に即して認識すること、すなわちヨーロッパ世界史の一元性に還元しえない独自的中国を認識することで、世界そのものの多元的構成を明らかにすることが「方法としての中国」という世界認識のあり方だというのである。

これが私の読解する溝口の「方法としての中国」である。こう読解して気づくのは、これが京都学派高山岩男の『世界史の哲学』の焼き直しだということである。[*10] 高山が世界史の多元化を日本からいったことを、溝口は中国からいっているのである。このことは後にあらためてのべよう。いまは「方法としての中国」がポスト竹内的言説としてどのような意味をもつかを考えよう。溝口は竹内の「方法としてのアジア」を認識論的問題に限定するようにして「方法としての中国」という批判的視点を構成した。ここではヨーロッパが構成する世界史の普遍的基準にしたがってアジアの、ことに中国の歴史が裁断されることが問題であった。中国が近代であるか、ないかがヨーロッパ的価値基準によって決められることが問題であった。だから溝口において中国の歴史的独自性をヨーロッパ的世界史を相対化する形で発見することが課題となるのである。さらにいえばヨーロッパ的近代を相対化するものとして中国の独自的近代を見出すことが溝口の課題となるのである。「方法としての中国」とは、中国的近代を見出す方法となるのである。

私がすでに第9章で触れた日本版竹内シンポ（愛知大学・二〇〇六年）[*11]で溝口は「方法としての「中国独自の近代」—明末清初から辛亥革命へ、歴史の軌跡を辿る」という報告をしている。彼はそこで「中国独自の近代」の型を見出すことが、竹内の正しい継承だとしてこういっている。

中国の近代は、西欧型および西欧追随の日本型とは異なるタイプの、いわば第三の近代と言うべき固有の型をもつものである、というのが竹内の一貫した主張でした。それは西欧型をそのまま模倣した日本型とは異なり、中国民族の固有の文化に根ざすものである、と彼は考えます。[*12]

溝口はこれを竹内のものとしていうが、しかしこれは竹内のものではない。溝口に継承され、再構成された竹内である。竹内はすでに何度ものべたようにヨーロッパとアジアという二〇世紀がもった政治から文化、そしてわれわれの思考を貫く「近代」という関係性のなかでアジアを考えるのであって、ヨーロッパへの対抗として実体的にアジアを考えようとするのではない。だが竹内の展開する内発性・外発性による近代化の日中比較論は、彼自身の関係論的思考を越えて、「アジア的近代」あるいは「中国的近代」という実体化を導きかねないものであることも、私はさきにふれた。まさしく溝口は竹内によって「中国独自の近代」を構想し、記述してしまうのである。阿片戦争をもって中国の近代化過程の始まりを考える通説に反対しながら、溝口はこういっている。やや長いが溝口の「近代」の実体化的思考を端的に示すものとして、あえてここに引いておきたい。

> つまり、阿片戦争を近代の始まりとするコース以前に、一六から一七世紀の明末清初期に、中国には中国独自の歴史の展開が認められる、と言いたいのです。しかも、その展開はそれが受け取るにふさわしい注目を受け取っていない、と思われます。比喩的に言えば、王朝制の歴史は太い樹木の幹であり、一六から一七世紀に見られる変化がその幹の深部に発する変化であるのに対し、阿片戦争以後の変化は、見た目には騒然としているが実は変化は表層の一部にだけ見られるもの、と言うことができます。であるのに、後世に阿片戦争が注目を集めたのは、それが植民地化の危機を孕んでいて、知識人の救国の叫び声が異常に高かったためであって、実際は一六から一七世紀の変化のほうが波及範囲は広かった、と見ていいでしょう。竹内に従って言えば、阿片戦争以後の変化が外発的であるのに対し、明末清初のそれは内発的ということになりましょう。*13

竹内も阿片戦争をもって中国における近代への時期を画する見方に反対し、五・四運動を中国の近代への転回点とする見方を主張する。溝口も引く竹内の主張とは、「「五・四」は、広汎な社会革命でもあると同時に、精神革命でもあった。……つまり、近代への転回点であった。……中国に近代を強制したのはヨーロッパであるが、その強制を、はねかえすことによって、中国は、逆に近代を自分のものとして発足した。ここに、日本の中国との近代化の方向の決定的な差があり、同時に、日本人が中国を理解しえなかった原因がある」[*14]というものである。ここで竹内が阿片戦争にではなく五・四運動に歴史の画期を見るのは、ヨーロッパ的日本（帝国主義的日本）に抵抗する中国の民族的エネルギーの最初の表出に自立的近代形成への大きな始まりの一歩を見るからである。この抵抗する中国の民族主義を離れて竹内は中国の近代化を、日本のそれに対峙させて語ることは決してない。ましてや「中国の独自的近代」を明末清初の一六、七世紀の中国社会に求めたりなどはしない。こうした溝口における「中国の独自的近代」といった実体化は、竹内の「方法としてのアジア」を認識論的に限定し、あるいは歪曲した「方法としての中国」という認識視角がもたらした結果である。

一九四八年に竹内は人民中国成立への胎動を聞きながら、「東洋は抵抗を持続することによって、ヨーロッパ的なものに媒介されながら、それを越えた非ヨーロッパ的なものを生み出しつつあるように見える」[*15]と書いた。これは未来への希望の言葉である。それから六〇年後の二〇〇七年に溝口は中華人民共和国の厳然たる世界的存立を背にして、「中国の独自的近代」こそ歴史の実像であり、「その実像を明かしたとき、西洋回路の近代枠組みは無効になります」[*16]と語るのである。だがこれはいったい何を語る言葉なのか。これはすでに十分に大国である中国の独自的存立を、さらに歴史にさかのぼって再確認することを求めているのか。それによってヨーロッパ的近代の枠組みの何が無効になるというのか。せいぜい既成世界は自らの枠組みを修正しながら、大国中国への対応に迫られるだけだろう。二一世紀的世界の現状はその通りではないか。だが結論を出すのは早すぎる。その前にあらためて「方法としての中国」論を近代の超克論として吟味してみる必要がある。

4　アジアからの超克とは

溝口の「方法としての中国」論は、近代認識の問題に限定されてはいるが、ヨーロッパの近代的価値基準による一元的な歴史支配から中国とその近代史を解放しようとする、ヨーロッパ的近代の超克論である。「中国の独自的近代」を証明することでヨーロッパ一元的世界史を解体し、多元的世界史をもたらそうとする「方法としての中国」論は、そのかぎり高山らの「世界史の哲学」という超克論の焼き直しである。なぜ焼き直しなのか。

京都学派の世界史の立場も東亜協同体論・東亜共栄圏論も日本を中核としたアジアからの超克論である。これらのヨーロッパ的近代の超克を志向する理論作業は、その主要部分に道義的国家日本とそれを指導的中核とした東亜協同体の構成作業をもつことになる。この作業自体がヨーロッパ的近代に対して日本的・アジア的近代、すなわちのり超えた近代を対比的に再構成していくのである。利益社会《ゲゼルシャフト》的ヨーロッパに対して共同社会《ゲマインシャフト》的アジアが、功利的帝国主義的ヨーロッパに対して道義的八紘一宇的日本が対抗的に構成される。昭和一〇年代日本における文化系の諸学、すなわち歴史学、民族学、社会学、倫理学、哲学などはその課題にこの日本とアジアの理念的再構成作業を多かれ少なかれもっていた。[*17] それはヨーロッパ的近代を超克する日本的・アジア的主体を再構成する作業であった。アジア・日本からの近代の超克の志向は、超克主体であるアジア・日本を実体的にアジア的国家・共同体として再構成しようとする。その実体的アジア・日本によって既存のヨーロッパ一元的世界は多元的世界へと解放されるというのである。一九四〇年代日本の近代の超克論をこのように見れば、「方法としての中国」という超克論が戦時期日本の超克論の焼き直しだと私のいった意味も了解されるだろう。「方法としての中国」もまた実体としての「中国の独自的近代」を再構成しようとするのである。それによってヨーロッパ的近代という一元的価値基準を超えようとするのだ。しかしアジア的（日本的・中国的）実体を構成してなされる近代の超克論はなぜ駄目なのか。なぜ私は竹内の「方法としてのアジア」によって実体的アジアを前提することも、それを結論として導くことをも否定しようとするのか。

京都学派の「世界史の哲学」とは、近代の超克論を歴史哲学的に表現していった昭和戦時期の言説である。著書『世界史の哲学』[*18] によって高山岩男はこの「世界史の哲学」の立場を代表する。彼は近世におけるヨーロッパの世界拡張によって、世界がヨーロッパ原理による一元的世界として成立したかの観を呈するにいたることをまずいう。それこそヨーロッパが普遍的世界史をいう理由でもある。近代世界とはヨーロッパの近代的原理の普遍性が主張される時代である。だがさきの第一次世界大戦はこのヨーロッパ的近代の終焉を告げるものであった。すなわち普遍的世界史の終わりを告げるものであったと高山はいふのである。ところが大戦後ヨーロッパ的世界秩序はアングロ・サクソン的秩序として継続されてきたのである。それは「近代世界の原理をそのまま延長」させたものである。それがヴェルサイユ体制である。一九三〇年にいたってこの体制への転換の要求が欧州大戦として現れた。この大戦こそ真に「近代に終焉を告げる戦争」である。この大戦の性格は、「我が日本を主導者とする大東亜戦では、極めて明白であつて、何らの疑義をも挟まない」と高山はいふ。「大東亜戦争」とは、かくて「世界史の転換」と「新たな世界秩序」の建設という世界史的理念をもった戦争である。

満洲事変、国際聯盟脱退、支那事変と、この世界史的意義を有する一聯の事件を貫く我が国の意志は、ヨーロッパの近代的原理に立脚する世界秩序への抗議に外ならなかった。昨年十二月八日、対米英宣戦と共に疾風迅雷の如く開始せられた大東亜戦によつて、旧き近代の世界秩序を打破し、新たな世界秩序を建設しようとする精神は、愈々本格的に姿を現し、これは今日の世界史の趨勢にもはや動かすべからざる決定的方向を与へるに至つた。

「大東亜戦争」とはヨーロッパの近代的原理からなる既成世界秩序の転換をもたらすべき戦争である。この転換をもたらす戦いを遂行し、その戦いを通じて実現するのは道義的国家日本の指導する道義的連帯からなる東亜共栄圏である。まさしく「大東亜戦争」とは、近代の超克の課題を負った世界観的な思想戦でもある。

竹内好が永久戦争という思想戦の論理を読み出した「世界史の哲学」者による近代の超克論を、再びここに長ながと引いたのは、これが「大東亜戦争」を弁証する修辞でしかないことを明かしておかねばならないからである。戦争を通じて超克さるべき近代とは、ほかならぬ戦争をする己れでもあることを、この超克論は終始隠蔽する。昭和戦時期の近代の超克論は、まぎれもなく帝国主義国家として近代を達成している日本を隠蔽することの上に作られる論理である。「支那事変」とは日本と日本人にとって己れの正体を隠蔽して演じ続けられねばならぬ戦争劇であったことは、本書を通じて私がくりかえし指摘してきた。あの『文学界』の座談会でも、「近代とは我々自身であり、近代の超克とは我々自身の超克である」[*19]といったのは下村寅太郎だけであった。世界列強の一として帝国主義戦争を遂行しているこの近代国家日本を隠蔽して展開される近代の超克論とは、それゆえ日本の戦争を弁証する論理にしかならないのだ。にもかかわらずなぜ「近代の超克」という言葉が、昭和一六年一二月八日の宣戦に感動する知識人をとらえ、その戦争に近代の超克の課題を与えていったのか。それは何よりもこれがヨーロッパに対するアジアという近代世界の地政学的な図式のなかで発語され、そのアジアの代表の地位を日本が偽装することによってであった。この欺瞞をいう竹内は、偽装日本に換えて抵抗するアジア（中国）を〈方法的〉基底にして、ヨーロッパ近代の超克という思想戦の継承をいうのである。だが二一世紀の現代アジアにおいてこの思想戦は成立するのか。ここで溝口の「方法としての中国」という超克論にもどっていえば、「中国の独自的近代」をいうことはただ現代国家中国を弁証する修辞をしか構成しないのではないか。それはすでに世界を包括する現代資本主義の論理がその肥大した病理をもって深く侵してしまっている現代中国の現状をただ隠蔽するだけではないのか。

5　再び「方法としてのアジア」

われわれはもう一度、竹内による「方法としてのアジア」の提起にもどって考えよう。竹内は西洋近代がもっている自由や平等といったすぐれた文化価値を東洋から包みかえすことによって、その失われた輝きをもとに戻し、その価値をさらに高めることをいった。それは西洋を東洋から巻き返すことである。「その巻き返す時に、自分の中に独自なものがなければならない。それは何かというと、おそらくそういうものが実体としてあるとは思わない。しかし方法としてありうるのではないか」と竹内は「方法としてのアジア」を提起したのである。竹内がここで「方法としてのアジア」をいうのは、その文脈から見ても「実体としてのアジア」に対してであることは明かである。ヨーロッパを包み返すようなアジア的という価値的実体などはない。アジア的という実体はいつでも己れの幻想像として探し出され、作り出され、アジアの実像を隠蔽するのである。竹内は「実体としてのアジア」を構成し、それをもってヨーロッパを巻き返そうとする道を否定する。では「方法としてのアジア」とは、いかなるアジアからの巻き返しなのか。

竹内はこの「方法としてのアジア」を提起した「六〇年講義」を彼の評論集『日本とアジア』に収

めるに当たって、いくらか加筆修正をした。この結語の箇所も、「その巻き返す時に、自分の中に独自なものがなければならない。それは何かというと、おそらくそういうものが実体としてあるとは思わない。しかし方法としては、つまり主体形成の過程としては、ありうるのではないかと思ったので、「方法としてのアジア」という題をつけたわけですが、それを明確に規定することは私にはできないのです」と改めている。やや説明的に補筆されている。だが彼自身もいうように、それでもってあの提起の意味がより明確になったわけではない。ただ「方法として」を「主体形成の過程として」といい換えるように補っていることは参考になる。竹内の戦後的論説の文脈から「方法としてのアジア」を考えれば、それは抵抗する自立的なアジアの立場からとらえ返すことによって、ヨーロッパ的近代がもっていた自由や平等といった価値も、その失われた輝きをとり戻すことができるというのだろう。だが自立的なアジアとは、抵抗する主体であっても、対抗する実体としてのアジア的民族主体《ネイション》でもアジア的独自国家《ステイト》でもない。実体的アジアが対抗的に措定されるとき、直ちにあの己れ自身の隠蔽が始まるのだ。そして超克をいう論理も、己れを弁証する欺瞞の修辞となってしまうだろう。竹内は抵抗するところにアジアがあるというのである。「方法としてのアジア」とは、竹内がした補筆を含めて考えれば、アジアという抵抗線を世界史の上に持続的に引いていく戦う過程をいうのであろう。「方法としてのアジア」とは、竹内において、ヨーロッパ的近代を巻き返し、革新していくアジアからの持続的な思想戦である。

われわれは二一世紀のグローバル資本主義に包括される現代アジアにいる。ここでは開発という現代化が、社会の不均衡と自然の荒廃とを著しくする形で進められている。二〇世紀の昭和前期の日本はヨーロッパ的世界秩序に包括されるアジアから、その世界秩序の組み替えの要求を「東亜新秩序」の建設のための戦争として表現した。「東亜新秩序」の建設とは一五年戦争を遂行する日本の国家目標であり、戦争の理念であった。「世界史の哲学」者をはじめとする昭和の知識人はこの「東亜新秩序」建設の戦争に、「近代の超克」の課題を負う思想戦という性格を与えていったのである。日本の敗戦は、アジアにあってアジアではない日本が東亜の盟主を任じてきたことの欺瞞をあらわにした。この日本を「ドレイ的日本」として否定したのは竹内であった。その竹内によって「近代の超克」は「抵抗するアジア」を思想的基底にして、アジアからの持続的な思想戦として組み直された。それが「方法としてのアジア」である。竹内好は一九七七年に亡くなった。そしてわれわれは二一世紀の現在、この竹内が残していった「方法としてのアジア」を新たな戦いへの提起として受け取ろうとしている。

二〇〇八年の現在、「東アジア共同体」は日本の言説上にはっきりと姿を見せ始めた。だが日本から「東アジア共同体」をいうことは、いかなる意味でアジアの市民にとっての希望を語るものであるのか。一九三八年、「東亜協同体」を理論的に構成する日本知識人にまず想起されたのは岡倉天心の「アジアは一つ」であった。二〇〇八年の日本で再びこの岡倉の言葉が想起されて、「東アジア共同体」が公然と語られようとしている。*20 一九三八年の「東亜新秩序」とは、日本の帝国主義戦争がもたらすアジアの悲惨をおおい隠す「日本的平和」の提案であった。二〇〇八年の「東アジア共同体」という日本からの「アジア的平和」の提案は何を隠そうとするのか。いうまでもなくそれは現代化が社会的不均衡と生活環境の荒廃とをいっそう深める形で進行していく現代アジアの悲惨である。いま日本から提示される「東アジア共同体」とは、このアジアの悲惨を隠すだけではない。この悲惨を増幅させている己れ自身をも欺く希望の提示である。竹内ならこの偽りの希望の提示に否《ノン》をいうことにこそアジアはあるというだろう。二一世紀の現代における「方法としてのアジア」とは、人間の生存条件を全球的《グローバル》に破壊しながら、己れの文明への一元的同化を開発と戦争とによって進めていく現代世界の覇権的文明とそのシステムに、アジアから否《ノン》を持続的に突きつけ、その革新への意志をもち続けることである。前章の「アジア主義という近代日本の対抗軸」の末尾に掲げた竹内の言葉をもう一度ここに引いておきたい。

文明の否定を通しての文明の再建である。これがアジアの原理であり、この原理を把握したものがアジアである。……日本が西欧であるか、それともアジアであるかは、工業化の水準だけで決めるべきではない。より包括的な価値体系を自力で発見し、文明の虚偽化を遂行する能力があるか否かにかかっていると見るべきである。それが発見できればアジアの原理につながるし、発見できなければエセ文明と共に歩むほかない。*21

しかしなぜアジアなのか。なぜアジアによる文明の否定と再建がいわれるのか。アジアはどのような意味でエセ文明の否定をいう資格をもちうるのか。これは私が最後に答えねばならない問題である。竹内がこの言葉を書いたとき、彼はまだ第三世界を構成しようとするアジア・ナショナリズムを見ることができた。それは創成期アジアがもった否定と創造の自立的運動であった。すでにそのようなナショナリズムを、現在のわれわれはアジアの背後に見ることはない。いまナショナリズムは、二一世紀のそれぞれの国家が負う世界体制的な危機と社会的共同性の喪失と国民の亀裂から生まれ、一時的に統合の幻想を己れに与える自己欺瞞の運動でしかない。もはやナショナリズムの再生によってアジアが再生するわけではない。だが間違ってはいけない。アジアの再生が目的ではないのだ。アジアを目的とするところから、「東アジア共同体」がでっち上げられてくるのである。「方法としてのアジア」とは、否《ノン》というアジアをエセ文明への抵抗線として引くことである。問題はその抵抗線にいかにしてアジアはなりうるかである。それは植民地・従属的アジアから自立的アジアへと転換させた創成アジアの意志を、殺し・殺される文明から共に生きる文明への転換の意志として再生させることによってである。だが日本にその抵抗線を引く資格はあるのか。それが最後の最後として残された問いである。私は戦争をしない国家としての戦後日本の自立こそ、わずかにこの抵抗線を引く資格をわれわれに与えるものだと答えたい。その非戦的国家への意志を、われわれは六〇年にアジアの自立的安全保障への意志として示したのである。竹内が「方法としてのアジア」を提起したのは、その六〇年であった。

注

1 「近代の超克」論の序章

＊1 竹内好の「近代主義と民族の問題」ははじめ『文学』の「日本文学における民族の問題」特集号（一九五一年九月）に掲載された。後に『革命と人間解放』（筑摩書房、一九六六）および『国民文学論』に収録される。ここでは竹内好評論集・第二巻『新編日本イデオロギイ』（筑摩書房、一九六六）収録のものによっている。

＊2 竹内の論文「近代の超克」は『近代日本思想講座』第七巻「近代化と伝統」（筑摩書房、一九五九）のために書かれた。後に『現代日本思想大系』第四巻「ナショナリズム」（筑摩書房、一九六三）や『近代の超克』（筑摩叢書、一九八三）などに再録されている。ここでは竹内好評論集・第三巻『日本とアジア』（筑摩書房、一九六六）収録のものによっている。

＊3 この課題は岩波講座『現代思想』の編集と雑誌『現代思想』への執筆という形で与えられた。その結果は『近代知のアルケオロジー―国家と戦争と知識人』（岩波書店、一九九六）にまとめられた。竹内については、同書第四章「日本の近代と近代化論―戦争と近代日本の知識人」でのべている。なお『日本近代思想批判―一国知の成立』（岩波現代文庫、二〇〇三）はこの増補改訂版である。

＊4 有馬学『帝国の昭和』日本の歴史23、講談社、二〇〇二。

＊5 私は昭和一〇年代前期の『改造』『中央公論』『文藝春秋』などの雑誌を読み直してきて、日本の言論界における雑誌ジャーナリズムのピークはこの時期にあるという感を深くした。また津田左右吉や和辻

哲郎の仕事などを見ても、日本の近代的学問はこの時期にピークに達しているとみなされる。昭和戦前期はこの日本社会の近代化の視点からの再検討が必要である。

＊6　座談会「近代の超克」（『文学界』昭和一七年九、一〇月号）の冒頭で司会者河上徹太郎がいう言葉である。座談会「近代の超克」は『近代の超克』（著者代表・河上徹太郎、創元社、一九四三）による。

＊7　エリック・ホブズボームは、第一次大戦とは世界の主要列強のすべてが参戦した戦争であるとし、当時の主要列強を「国際政治ゲームの主要プレーヤー」ととらえてヨーロッパのイギリス・フランス・ロシア・オーストリア＝ハンガリー・プロイセン（ドイツ）と統一後のイタリアの六カ国にアメリカと日本とを挙げている。『二〇世紀の歴史―極端な時代』上（河合秀和訳、三省堂、一九九六）。

＊8　高山岩男『世界史の哲学』岩波書店、一九四二。

＊9　今津晃『概説現代史』東京創元社、一九七三。

＊10　「大東亜戦争と吾等の決意」（宣言）は、一九四二年一月発行の『中国文学』第八〇号の巻頭に無署名で発表されたが、竹内が同人会にはかった後、その前年の一二月一六日に執筆したものである。

2　なぜ「近代」とその超克なのか

＊1　河上徹太郎他『近代の超克―知的協力会議』、創元社、一九四三。

＊2　竹内好「近代の超克」、『近代の超克』（冨山房百科文庫23）所収、河上徹太郎・竹内好、冨山房、一九七九。竹内の「近代の超克」はもともと『近代日本思想史講座』7「近代化と伝統」（筑摩書房、一九五九）に掲載されたものである。

＊3　明治八年（一八七五）に成る福沢の『文明論之概略』の第二章は「西洋の文明を目的とする事」となっている。

＊4　第1章「「近代の超克」論の序章」。

＊5　保田與重郎「時代と詩精神」、『近代の終焉』所収、小学館、一九四一。

＊6　座談会「近代の超克」で小林は、「われわれの解釈だとか、或は史観といふやうなものではどうにもならんものが歴史にある。歴史といふものはわれわれ現代人の現代的解釈などでびくともするものではない」という。これはこの座談会における「近代の超克」をめぐるほとんど唯一の確信的発言である。

＊7　座談会「大陸政策十年の検討」は『満洲評論』の昭和一六年一〇月二五日刊の第二一巻一七号に掲載された。私は『アジア・日本の道』橘樸著作集第三巻（勁草書房、一九六六）所載のものによっている。

＊8　京都学派の四人による座談会は三回行われ、第二回は「東亜共栄圏の倫理性と歴史性」として『中央公論』の昭和一七年四月号に掲載され、第三回は「総力戦の哲学」として同誌の一八年新年号に掲載された。この三回の座談会の記録は本文中に触れたように単行本『世界史的立場と日本』として一八年三月に中央公論社から出版された。手許にある同書によれば、初版一五〇〇〇部とある。この座談会が戦争中の学生や知識人たちの世界にどれほど大きな影響力をもったかをそれは教えている。

＊9　亀井勝一郎『現代史の課題』中央公論社、一九五七。

＊10　小林秀雄「事変の新しさ」（昭和一五年八月）、『歴史と文学』所収、創元社、一九四三。

＊11　小林の人生論的講談は『無常といふ事』（創元社、一九四六）や『私の人生観』（創元社、一九四九）にまとめられている。私たち戦後の学生が最初に小林を知ったのはこれらの書によってである。私はここから初期の「様々なる意匠」やランボオに遡っていった。

＊12　小林「文学と自分」（昭和一五年一一月）、前掲『歴史と文学』所収。

3　中国の戦争の事実に誰が正面したか

＊1　「満洲事変」「支那事変」という事変についての当時の呼び方をそのままここで使っている。中国大陸で展開されている戦争という日本の軍事的事態に対する当時の日本人の考え方、とらえ方とこの事変の呼び方とは切り離しえない。

＊2　小林秀雄「事変の新しさ」『歴史と文学』創元社、一九四三。

＊3　蝋山政道「東亜協同体の理論」『改造』二〇巻一一号、一九三八年一一月。
＊4　尾崎秀実「東亜協同体の理念とその成立の客観的基礎」『中央公論』、一九三九年一月号。
＊5　三木清「現代日本に於ける世界史の意義」『改造』二〇巻六号、一九三八年六月。『三木清全集』第一四巻所収、岩波書店、一九六七。
＊6『改造』はこの「抗日游撃戦論」の最初に次のようなことわり書きを付している。「本稿は支那共産党中央機関紙「新華日報」六月二一日の紙上に発表されたのである。敗退に次ぐに敗退の彼等が、最後の必死のもがきとして試みんとするのが此の「游撃戦術」である。吾々はその如何なるものであるかを了知して、之に対処することが必要であると思ふ。」
＊7　「持久戦について」解題、『原典中国近代思想史』第五冊、西順蔵編、岩波書店、一九七六。
＊8　「論持久戦」は『解放』第四三・四合併号（一九三八年七月一日発行、解放社）に公表された。私は最初、『改造』の翻訳は内部配布本によるものと推定したが、土田秀明氏に『解放』誌に載る「論持久戦」の翻訳と見なしてよいことを教えられた。『解放』所載の「論持久戦」のコピーとともに教示を頂いた土田氏に感謝したい。
＊9　［　］内は上掲「持久戦について」から補った省略箇所である。
＊10　「「支那事変」とは何であったのか」（反哲学的読書論・5）『環』二三号、藤原書店、二〇〇六年九月。
＊11　尾崎・前掲論文「東亜協同体の理念とその成立の客観的基礎」。
＊12　高田保馬「東亜と民族原理」『改造』二一巻一二号、一九三九年一一月。
＊13　蝋山政道「東亜協同体の理論的構造」『アジア問題講座』第一巻、創元社、一九三九。
＊14　日本における「民族」概念の形成については、私の「「日本民族」概念のアルケオロジー」（『日本ナショナリズムの解読』所収、白澤社、二〇〇七）を参照されたい。
＊15　三木清「東亜思想の根拠」『改造』二〇巻一二号、一九三八年一二月。『三木清全集』第一五巻所収、岩波書店、一九六七。
＊16　この座談会「大陸政策十年の検討」は『橘樸著作集』第三巻（『アジア・日本の道』）に収録されている。私は『満州評論』の複写と『橘樸著作集』のと、両方を読んだ。

＊17　座談会「世界史的立場と日本」が高坂正顕、鈴木成高、高山岩男、西谷啓治を出席者として開かれたのは昭和一六年一一月二六日である。この記録は『中央公論』の開戦一か月後の昭和一七年一月の新年号に掲載された。三木清はその号の巻頭論文「戦時認識の基調」を書いている。

4　「世界史の哲学」の時

＊1　座談会「世界史的立場と日本」は『中央公論』昭和一七年新年号に掲載されたが、座談会が行われたのは昭和一六年一一月二六日である。

＊2　高坂正顕は一九〇〇生—一九六九没、西谷啓治は一九〇〇生—一九九〇没、高山岩男は一九〇五生—一九九三没、鈴木成高は一九〇七生—一九八八没。ちなみに三木清は一八九七生—一九四五没である。

＊3　第二回座談会「大東亜建設の倫理性と歴史性」『中央公論』昭和一七年四月号、第三回座談会「総力戦の哲学」『中央公論』昭和一八年新年号。

＊4　『近代の超克』（著者代表　河上徹太郎）創元社、一九四三。

＊5　高山岩男「世界史の理念」『世界史の哲学』岩波書店、一九四二。

＊6　座談会で高坂は、「民族が主体性をもつた場合にはそれはどうしても国家的民族の意味を持たなければならぬ。……世界史の主体は、そんな意味で国家的民族だと思ふ」と発言している。

＊7　「世界史の哲学」の理論化が開戦の事後的作業であることは、彼らの著作に明らかであるが、その事後性を顕わに示すのは『世界史講座』の企画である。京都学派の彼らを中心に企画編集されたこの講座は戦時下というよりは、敗戦の近い昭和一九年に弘文堂書房から刊行された。第一回配本は『世界史の理論』（世界史講座一）と『日本世界史』（同二）とが一九年二月に刊行された。以降、同年五月に『東亜世界史（二）』（同四）が、そして一一月に『西亜世界史』（同五）と『ヨーロッパ世界史（二）』（同七）とが刊行されている。（なお、この四巻・五巻・七巻の刊行についてご教示いただいた安藤礼二氏に感謝申し上げたい。）ともあれ戦時下における「世界史」理論はここにまとめられている。その再検

討は後の私の課題としたい。

＊8　『三木清全集』第一四巻（岩波書店、一九六七）の久野収の「後記」による。ちなみに久野収は一九一〇年生まれで九九年に亡くなった。三木の京大哲学科の後輩にあたる。

＊9　第二回の座談会が掲載された『中央公論』（昭和一七年四月号）の後記には、「新年号座談会『世界史的立場と日本』は近ごろ稀れな好評の裡に迎へられた。討議は大東亜戦争勃発以前に行はれたにも拘らず、論議内容の真価は却て今日において一そう高められてゐるかのやうである」と書いている。

＊10　西谷啓治『世界観と国家観』弘文堂書房、一九四一。

＊11　この高坂の言辞が座談会の同席者をも煽動したものであることは、第二回の座談会での出席者の発言が証明しているし、西谷がその座談会後にいっそう理念的な言辞をもって高坂の発言を語り直す論文によっても知りうる。「世界の形成作用の内実である理念は、国家の生命の根源から世界の自己表現として国家のうちに孕まれて行き、国家の歴史的創造の根源的な原理となる。即ち何等かの意味で道義的・宗教的な生命力の内容となり、（或は逆にいへば国家の生命力を道義的なものに高める原理となり）、更に、新しく形成さるべき歴史的世界像の構想として形をとり、その形は更に国家の行動を通して事実たる世界のうちへ注ぎ出される。」（「世界史の哲学」『世界史の理論』世界史講座一、弘文堂書房、一九四四）。これは世界史の革新のために戦う国家を理念づける見事な言葉である。

＊12　この座談会は『中央公論』の昭和一七年四月号に載るが、その表紙には「大東亜建設の倫理性と歴史性」と謳われている。

＊13　引用は、第一回とともに、第二回、第三回座談会記録も収載する『世界史的立場と日本』（中央公論社、一九四三）によっている。

＊14　竹内好は彼の「近代の超克」再論（「近代の超克」『近代日本思想史講座』第七巻所載、筑摩書房、一九五九）で座談会「世界史的立場と日本」を高く評価している。第三回の座談会「総力戦の哲学」を宣戦の詔勅の完璧な解釈として評価し、これによって竹内は「大東亜戦争」の思想的性格を分析している。これらの点については第10章「「近代の超克」と戦争の二重性」を参照されたい。

5　詩は世界秩序を変革する

＊1　『人間の学としての倫理学』の私の読み直しは、その岩波文庫版のための解説を書くためのものであった。『人間の学としての倫理学』（岩波文庫、二〇〇七年六月刊）解説「日本倫理学の方法論的序章」を参照されたい。

＊2　昭和の哲学的関心の展開については前章の「「世界史の哲学」の時」で触れた。また昭和戦前期の人文学の形成にデュルケームらのフランス系社会学、ジンメルらのドイツ系社会学の受容が影響していることは十分注意されてよい。

＊3　たとえば保田はこういっている。「今日の代表文化としての岩波文化が、今や戦時現象のもとに一つの集団勢力化した事務女性群のお化粧品となつたことは、これも頼もしいことの一つである。すべて植民地文明といふものは、婦女子の化粧品となつて棄てられ忘れられるまでは生命を残すものである。」（「自然主義文化感覚の否定のために」昭和一六年六月、『近代の終焉』所収、小学館、一九四一）。

＊4　保田與重郎「我国に於ける浪曼主義の概観」昭和一五年八月、『近代の終焉』所収。

＊5　同上書。

＊6　『戴冠詩人の御一人者』（東京堂、一九三八）の「緒言」の文章である。「昭和一三年九月初」と記されたこの「緒言」の文章は、日本浪曼派運動のマニフェストとみなされる。

＊7　前掲「我国に於ける浪曼主義の概観」

＊8　「戴冠詩人の御一人者」ははじめ『コギト』の昭和一一年七月・八月号に掲載され、後に他の文章とともに『戴冠詩人の御一人者』（東京堂、一九三八）に収められた。

＊9　本居宣長『石上私淑言』上、（岩波文庫）。

＊10　保田與重郎「戴冠詩人の御一人者」。

＊11　同上。

＊12　保田與重郎「我国に於ける浪曼主義の概観」。引用文中の傍点は子安。

＊13　保田の『蒙彊』（生活社、一九三八）の旅は昭和一三年五月二日から約四〇日間、朝鮮から満洲、北

京から蒙古にいたるものであった。『戴冠詩人の御一人者』の「緒言」にも、「去る晩春より初夏にかけて大陸を蒙古に旅した私は、この世界の変革を招ぶ曙の思ひに感動を新しくした」という言葉がある。

＊14 『近代の終焉』が収める「我国に於ける浪曼主義の概観」は昭和一五年八月の日付けを、また「自然主義文化感覚の否定のために」は昭和一六年六月の日付をもっている。

＊15 保田與重郎「農村記」、『日本に祈る』所収、祖国社、一九五〇。

6 東亜と「日本的平和」の構想

＊1 新明正道「東亜協同体論の動向」、新明『東亜協同体の理想』（日本青年外交協会出版部、一九三九）の第八章をなすものである。

＊2 『昭和史ハンドブック』（平凡社、一九八三）による。

＊3 大杉一雄『日中十五年戦争史』中公新書、一九九六。

＊4 石川達三「武漢作戦―戦史の一部として―」『改造』昭和一四年新年号。

＊5 『改造』の「持久戦論」の掲載については、第3章「3　中国における戦争の事実」で触れている。

＊6 尾崎秀実「「東亜協同体」の理念とその成立の客観的基礎」『改造』昭和一四年新年号。

＊7 戦争指導の天皇直属の統帥部・大本営は、事変においても設置されると条例を改め、昭和一二年一一月二〇日に設置された。

＊8 蝋山政道「事変処理と大陸経営の要諦」『文藝春秋』昭和一三年一一月号。

＊9 蝋山政道「世界新秩序の展望―東亜協同体を序曲として―」『改造』昭和一四年一一月号。引用文中の傍点は子安。これは昭和一三年に成立する東亜協同体論に対して事後的な性格をもつ論文ではあるが、日本の「東亜新秩序」構想が欧州の新情勢と構造的に連関するものであることを分析し、「新秩序」プランの構造的性格を世界史的関連であらためて説いた論文として参考的な意味をもっている。

＊10 私は松島泰勝の『琉球の「自治」』を読む必要があった。だがこの書の発するメッセージは、イリイ

チの開発論をふまえることではじめて十分に理解できるものであった。「人が其処に住むこと――『琉球の「自治」』を読む――」(『環』三〇号、藤原書店、二〇〇七年七月)を参照されたい。
*11 イバン・イリイチ「平和とは人間の生き方」『シャドウ・ワーク』同時代ライブラリー、岩波書店、一九九〇。
*12 蝋山政道「東亜協同体の理論」『改造』昭和一三年一一月号。引用文中の傍点は子安。
*13 この時期の東亜新体制論には多くの分岐がある。ここでは近衛の「東亜新秩序」を理論的に基礎づけ、敷衍するものとして、昭和研究会系知識人による東亜協同体論を中心に考えている。
*14 三木清「東亜思想の根拠」『改造』昭和一三年一二月号。ここでは『三木清全集』第一五巻(岩波書店、一九六七)所収のものによっている。
*15 前掲・尾崎「「東亜協同体」の理念とその成立の客観的基礎」『改造』昭和一四年新年号。

7 宣戦になぜかくも感動したのか

*1 斎藤忠「総論・共存共栄の道」『大東亜共同宣言』所収、大日本言論報国会編、同盟通信社出版部、一九四四。
*2 住谷悦治『大東亜共栄圏植民論』生活社、一九四二。
*3 藤村道生『日本現代史』(世界現代史1)、山川出版社、一九八一。
*4 この政府声明の文章を私は住谷の著書から引いている。この声明を掲げる住谷の著書が、これに木霊するものであることを実証している。
*5 座談会「世界史的立場と日本」は昭和一六年一一月二六日に行われ、その記録は『中央公論』の昭和一七年新年号に掲載された。この座談会については、第4章「「世界史の哲学」の時」を参照されたい。
*6 この座談会記録は『中央公論』の昭和一七年四月号に掲載されている。
*7 高山岩男『日本の課題と世界史』弘文堂、一九四三。

＊8　座談会「近代の超克」（『文学界』昭和一七年九・一〇月号）の冒頭で司会者河上徹太郎がいっている。このことについては第1章「「近代の超克」論の序章」を参照されたい。

8　たとえ戦争が無償に終わっても

＊1　文庫版『蒙疆』（保田與重郎文庫10、新学社、二〇〇〇）の谷崎昭男の解説「龍山のD氏、周作人、その他」。ただ谷崎はここで出発は五月二日の朝といっているが、保田自身は『蒙疆』中で、「先月の一日に出かけて、この月十二日、神戸港へ帰つてきた」と書いている。

＊2　保田は『コギト』発行所特派員として行ったとされているが、しかし同人雑誌『コギト』の特派員として戦地旅行の許可が下りたとは考えにくく、実際は新日本文化の会の機関誌『新日本』（佐藤春夫とともに保田も編集委員）の特派員として許可されたのであろうと谷崎は前記「解説」に書いている。

＊3　『蒙疆』生活社、一九三八。

＊4　引用は上掲『蒙疆』から。ただし傍点は子安。

＊5　小牧実繁編『大東亜地政学新論』星野書店、一九四三。ここに引くのは、同書中の兼子俊一「大東亜に於ける蒙疆の地位」による。「蒙疆」については、『支那問題辞典』（中央公論社、一九四二）の「蒙疆」（後藤富男）の項をも参照した。

＊6　保田は、「私は大陸の曠野をゆきつつ日本の一筋の道を見てゐた。幸か、不幸か、戦争の終つた地方へ旅した私は、遙かに遠い遠雷のやうな大砲の響きをきいたのみで、戦争をうつす擬音文学はかけない」（前掲『蒙疆』「北京」）と書いている。

＊7　前掲『蒙疆』中の「蒙疆」より。

＊8　『近代の終焉』は昭和一五年から一六年にかけて書かれたものを一冊にして昭和一六年一二月に小学館から出版された。

＊9　保田は戦時下の昭和一八年に『文明一新論』の名をもつ書を刊行している。

＊10 ほとんどの日本人は「支那事変」と「大東亜戦争」を二つにしていた。前章にのべたように、正真正銘の戦争は昭和一六年一二月八日に始まったとしていた。「支那事変」をすでに世界戦争としていたのは浪曼主義者保田であり、国際的コミュニスト尾崎秀実である。

＊11 「大東亜文化論の根柢精神」『文明一新論』所収、第一公論社、一九四三。この論文は昭和一七年一月に書かれたものである。そこには次のような文章がある。「我々が英米流の文化を徹底攘夷するといふのは近代の終焉を宣告し、文明開化思想を放逐し、民族的優越感を確立することである。文明開化といふものは、英米文化侵略下の陰謀が構想した形式や方法で、文化を考へる傾向を呼ぶのである。」

＊12 「あとがき一」『日本に祈る』（まさき会祖国社、一九五〇）。ここでの引用は保田與重郎文庫版『日本に祈る』（保田與重郎文庫15、新学社、二〇〇一）によっている。

＊13 「農村記」は昭和二四年七月から同年一一月にかけて執筆された。「農村記」からの引用は、前掲・文庫版『日本に祈る』による。

＊14 「私は一年の文筆上の空白の生活と、一年の戦場の生活と、一年の農耕の生活を経てきたのである。しかもこの三年に亘る無筆の生活の間に、云々」と保田は「みやらびあはれ」でいっている。

＊15 「保田與重郎年譜」『林房雄・亀井勝一郎・保田與重郎・蓮田善明集』（現代日本文学大系61）筑摩書房、一九七〇。

＊16 保田・前掲「みやらびあはれ」。

＊17 前掲『蒙疆』「慶州まで」。

＊18 前掲「農村記」。

＊19 保田「自然主義文化感覚の否定のために」前掲『近代の終焉』所収。保田の自然主義批判については、第5章「詩は世界秩序を変革する」を参照されたい。

＊20 前掲「あとがき一」『日本に祈る』。

9 日本近代批判と〈ドレイ論〉的視座

＊1　竹内好「中国の近代と日本の近代―魯迅を手がかりとして」『日本とアジア』竹内好評論集・第三巻、筑摩書房、一九六六。なおこの論文は、『東洋文化講座』第三巻「東洋的社会倫理の性格」（白日書院、一九四八）のために書き下ろされたものだという。のち竹内の『現代中国論』（河出市民文庫、一九五一）に収録された。

＊2　日本オリエンタリズムとしての「支那学」の成立については、私の「近代知と中国認識―「支那学」の成立をめぐって」（『日本近代思想批判』所収、岩波現代文庫、二〇〇三）を参照されたい。

＊3　この国際シンポについては松本健一が早く朝日新聞紙上（二〇〇四年一〇月五日夕刊）で伝えている。国際シンポジウム「竹内好―アジアにおけるもう一つの近代化を考えた思想家？」はハイデルベルク大学日本学研究室とドイツ―日本研究所共催で、二〇〇四年九月六日から一〇日にかけて開かれ、ドイツ、オランダ、アメリカ、中国、韓国、日本の学者たちと、ハイデルベルク大学の学生たちが参加したという。松本は最終日に「竹内好『日本のアジア主義』と現代」の題で講演した。このシンポのテーマになぜ疑問符が付けられているのか、その理由は分からない。松本が記すままである。疑問符を付したまま主題化されたというのが、このシンポの実際だろう。このシンポにやはり招聘された加々美光行によって、竹内シンポの日本版というべきものが愛知大学で開催され（二〇〇六年六月三〇日―七月一日）、その記録が『無根のナショナリズムを超えて―竹内好を再考する』（鶴見俊輔・加々美光行編、日本評論社、二〇〇七）として刊行されている。ここでもドイツのシンポが加々美によって感動をこめて語られている。

＊4　上掲の松本の新聞記事と『無根のナショナリズムを超えて』の加々美の序文による。

＊5　『魯迅』は、一九四三年に日本評論社の「東洋思想叢書」のために書き、一九四四年の末、私の出征中に出版された。」（『魯迅』創元文庫版「あとがき」）。

＊6　この言葉を結語としてもつ竹内の文章をここに引いておこう。「つまり、自己を保持したいという欲求がない（自己そのものがない）からである。抵抗がないのは、日本が東洋的でないことであり、同時

に自己保持の欲求がない（自己がない）ことは、日本がヨーロッパ的でないことである。つまり日本は何ものでもない。」（「中国の近代と日本の近代」）。

＊7　この魯迅の寓話的散文は『野草』に収められている。竹内が散文詩集という『野草』は一九二七年に北新書局から出版された。私は『魯迅選集』第一巻（岩波書店、一九六四改訂版）所収の竹内訳によって読んでいる。なお魯迅が週刊誌『語絲』に『野草』の連載を始めるのは一九二四年一一月からである。

＊8　「中国の近代と日本の近代」中で竹内がしている要約にしたがった。

＊9　ここで「奴隷」「馬鹿」と漢字表記してのべているのは、私の「賢人と馬鹿と奴隷」についての読みであって、竹内のものではない。竹内の読みは〈ドレイ論〉として本章の第四節を構成するものである。

＊10　日本評論社版『魯迅』（一九四四刊）に付された武田泰淳の跋文による。なおここでの『魯迅』からの引用は、『竹内好全集』第一巻（筑摩書房、一九八〇）所収のものによっている。

＊11　『魯迅』の「創元文庫版　あとがき」。上掲『竹内好全集』第一巻所収。

＊12　「ノラは家出してからどうなったか」（一九二三年一二月二六日北京女子師範高等学校文芸会での講演）『墳』所収、『魯迅選集』第五巻（岩波書店、一九六四改訂版）。魯迅はこういっている。「人生で最も苦しいことは、夢から醒めて、行くべき道がないことであります。夢を見ている人は幸福です。もし行くべき道が見つからなかったならば、その人を呼び醒まさないでやることが大切です。」

＊13　この引用を含めて、ここでの竹内の論は、前掲「中国の近代と日本の近代――魯迅を手がかりとして」（『竹内好評論集』第三巻）によっている。

＊14　戦後の保田については、前章の「たとえ戦争が無償に終わっても――保田與重郎の戦時と戦後」を参照されたい。

10　「近代の超克」と戦争の二重性

＊1　竹内好『日本とアジア』「解題」、『竹内好評論集』第三巻、筑摩書房、一九六六。竹内の「近代の超

る。
＊2 「「近代の超克」論の序章」、『現代思想』連載「近代の超克」第一回、二〇〇七年四月号。
克」からの引用も同書による。なお『日本とアジア』はちくま学芸文庫（一九九三）にも収められてい

＊3 竹内好「中国の近代と日本の近代」、前掲『日本とアジア』所収。
＊4 河上徹太郎「近代の超克」結語、『近代の超克』創元社、一九四三。
＊5 本稿で「再論」とは、竹内による「近代の超克」論再検討の論説「近代の超克」を指している。
＊6 竹内が引く亀井の文章は、『現代史の課題』（中央公論社、一九五七）からのものである。
＊7 亀井は座談会で「中国」がまったく問題とされていないといった後で、「たとい「東洋」を語るときでも、それはヨーロッパ的な意味での、乃至はヨーロッパ人によって触発されたかたちでの「東洋」でしかなかったように思われる。東洋を東洋において自覚する要素はなかったと言っていい。「日本」は東洋から切断されていた」という。亀井は東洋において西洋的日本として独立せざるをえなかった近代日本が負う運命的な矛盾を「日本近代化の悲劇」として慨嘆するのである。私が見るかぎり亀井には中国侵略戦争に対する責任に触れる記述はない。「朝鮮人中国人等への私たちの侮辱感は、長期間にわたって養われたものである」というように、あくまで亀井は「日本近代化の悲劇」として記述する。亀井「日本近代化の悲劇」・前掲『現代史の課題』所収。引用に当たっては、竹内の引用に従って仮名遣いを改めている。
＊8 竹内好「戦争責任について」、前掲『日本とアジア』所収。これは『現代の発見』第三巻「戦争責任」（春秋社、一九六〇）に書かれたものである。
＊9 「欧米駆逐による世界制覇の目標」とは過剰な表現であり、「世界制覇」が日本の国家目標になったことなどはない。私はこれを帝国主義日本による世界秩序の再編成の要求と解して、本稿ではこのまま引いていく。
＊10 亀井は「日本近代化の悲劇」（前掲『現代史の課題』所収）で、「日本近代化における矛盾を、私は主として中国侵略との関係において述べた」といっている。また中国問題をめぐって、「戦後私の眼をひらいてくれたのは竹内好氏の『現代中国論』であった」と亀井は記している。

＊11　亀井勝一郎・上掲「日本近代化の悲劇」。
＊12　竹内好「日本とアジア」、前掲『日本とアジア』所収。
＊13　同上。
＊14　かな表記、句読点などすべて竹内の引用にしたがっている。ただ引用における誤字を一つ改め、また傍点を除いた。
＊15　発言者の名は私が確認し、記したものである。「総力戦の哲学」（『世界史的立場と日本』中央公論社、一九四三）。なお「総力戦の哲学」は第三回目の座談会として、昭和一七年一一月二四日に行われた。
＊16　上掲「総力戦の哲学」。
＊17　保田の文明戦争観については第8章の「たとえ戦争が無償に終わっても──保田與重郎の戦時と戦後」を参照されたい。

11　アジア主義という近代日本の対抗軸

＊1　竹内好「近代の超克」（『近代日本思想史講座』第七巻「近代化と伝統」、『日本とアジア』竹内好評論集・第三巻、筑摩書房）。竹内のこの論説を私は「近代の超克」再論と呼ぶ。本稿は竹内のこの再論をめぐって論じた前章の「「近代の超克」と戦争の二重性」の問題を継承する。
＊2　「大東亜戦争」という呼称について。もちろん「大東亜戦争」とは昭和一六年一二月八日に宣戦された戦争の日本政府による呼称である。それは戦後的呼称では太平洋戦争である。しかし竹内が「大東亜戦争」の二重性をいうことによって、それは日中戦争（日華事変）と太平洋戦争との二つの戦争を包括するものとなる。これは太平洋戦争を主として米英など帝国主義諸国との戦争として区別することを意味している。「大東亜戦争」が日中戦争と太平洋戦争の二つの戦争からなるというとらえ方は竹内固有のものであるが、しかしこれは現代史理解において重要な問題を提起する。たとえば一九五一年のサンフランシスコの講和会議によって終結を見たのは太平洋戦争であって、決して日中戦争ではないことが、

このとらえ方からはっきり指摘されてくる。なお本稿で言及される大川周明が「大東亜戦争」というとき、それは当時の呼称にしたがったものであり、「支那事変」と区別されている。また「支那事変」という言い方は大川の使用に従ったもので、私自身は「日中戦争」、あるいは「事変」としていう場合は「日華事変」としている。一九四五年以前の日本人の言説中における「支那」「支那学」「支那事変」といった呼称は、そこに込められた差別感を含めて、引用文中でそのまま表記すべきだとするのが私の立場である。安易に呼称を変更することによって歴史的な差別を隠蔽してしまうのは、むしろ歴史の改竄である。

＊3　昭和一五年（一九四〇）七月、第二次近衛内閣の成立に際して閣議決定された「基本国策要綱」の「根本方針」はこう説かれている。「皇国の国是は、八紘を一宇とする肇国の大精神に基づき世界平和の確立を招来することをもつて根本とし、まず皇国を核心とし日満支の強固なる結合を根幹とする大東亜の新秩序を建設するにあり。これがため、皇国自ら速やかに新事態に即応する不抜の国家態勢を確立し、国家の総力を挙げて右国是の具現に邁進す。」

＊4　大川周明『大東亜秩序建設』第一書房、一九四三。本稿の引用は『大川周明全集』第二巻（岩崎書店、一九六二）所収のものによっている。

＊5　前掲・竹内好「近代の超克」。

＊6　前掲・大川周明『大東亜秩序建設』。

＊7　竹内好「日本のアジア主義」は『現代日本思想大系』第九巻「アジア主義」（筑摩書房、一九六三）の「解題」として書かれたものである。原題は「アジア主義の展望」。本稿の引用は『日本とアジア』（竹内好評論集・第三巻、筑摩書房）所収のものによっている。

＊8　私はここでアジア的原理とヨーロッパ的原理の対抗関係によって竹内におけるアジア主義を定義している。これは竹内の戦後的論説「中国の近代と日本の近代」に主としてよるものである。この点については、第9章「日本近代批判と〈ドレイ論〉的視座」を参照されたい。

＊9　エリック・ホブズボーム『帝国の時代Ⅰ』野口建彦、野口照子共訳、みすず書房、一九九二。

＊10　竹内好「方法としてのアジア」『日本とアジア』所収。方法的概念としてのアジアの問題をめぐって

は、次号における私の結論において詳しくのべる。

＊11　竹内好「日本とアジア」『日本とアジア』所収。

12　アジアによる超克とは何か

＊1　『思想史の対象と方法』に収録された竹内の講義録「方法としてのアジア」は、加筆修正されて『日本とアジア』（竹内好評論集・第三巻、筑摩書房、一九六六。ちくま学芸文庫、一九九三）に収められた。本稿における「方法としてのアジア」への言及は講義録による。

＊2　『近代化と伝統』（近代日本思想史講座・第七巻、筑摩書房、一九五九）。

＊3　『アジア主義』（現代日本思想大系・第九巻、筑摩書房、一九六三）。

＊4　私がちょうど本稿を執筆し始めたこのときに「国際アジア共同体学会」の代表である進藤栄一が朝日新聞紙上（二〇〇八年一月二一日）で、「かつて（岡倉）天心が希求しながら手にできなかった東アジア共同体への胎動」が始まったことを記している。

＊5　『思想史の対象と方法』所収の「方法としてのアジア」による。傍点は子安。

＊6　「魯迅的中国」の視座からの日本近代化批判については、第9章「日本近代批判と〈ドレイ論〉的視座」を参照されたい。

＊7　引用文中の傍点は子安。

＊8　溝口雄三『方法としての中国』東京大学出版会、一九八九。著者はこの書の「あとがき」に一九八九年四月二二日という日付を記している。それは天安門事件の以前である。

＊9　『「事件」としての徂徠学』青土社、一九九〇。この書を構成する諸章は、八八年四月からほぼ隔月に『現代思想』に一〇回にわたって連載された。

＊10　高山の『世界史の哲学』（岩波書店、一九四二）については、私の『「アジア」はどう語られてきたか』（藤原書店、二〇〇三）の第一章「「世界史」とアジアと日本」を参照されたい。

＊11　このシンポの報告集は『無根のナショナリズムを超えて──竹内好を再考する』として二〇〇七年に日本評論社から刊行されている。
＊12　溝口雄三「方法としての「中国独自の近代」──明末清初から辛亥革命へ、歴史の軌跡を辿る」、上掲『無根のナショナリズムを超えて──竹内好を再考する』所収。
＊13　引用文中の傍点は子安。
＊14　この竹内の文章は「胡適とデューイ」（竹内好評論集・第三巻『日本とアジア』所収）中のものである。引用の抄出も溝口にしたがっている。
＊15　これは竹内が「中国の近代と日本の近代」（一九四八・一一）でいう言葉である。『日本とアジア』所収。
＊16　溝口・前掲「方法としての「中国独自の近代」──明末清初から辛亥革命へ、歴史の軌跡を辿る」。
＊17　私はこうした再構成作業の代表例を『日本ナショナリズムの解読』（白澤社、二〇〇七）で明らかにしている。
＊18　高山岩男『世界史の哲学』岩波書店、一九四二。また高山には『日本の課題と世界史』（弘文堂書房、一九四三）もある。
＊19　この言葉自体は座談会でのものではない。座談会記録が単行本『近代の超克』（創元社、一九四三）として出版されるに際して書かれた論文「近代の超克の方向」（同書所収）中のものである。
＊20　さきに注3に記した国際アジア共同体学会によってシンポジウム「東アジア共同体と岡倉天心──21世紀アジアを展望する」が二〇〇八年二月二三日に開催された。
＊21　竹内好「日本とアジア」（一九六一年六月）、『日本とアジア』所収。

あとがき

本書は雑誌『現代思想』（青土社）に、昨二〇〇七年の四月号から今年の三月号まで一二回にわたって連載された「近代の超克」を一冊にまとめたものである。昨年この連載を始めたとき、私にははっきりとした執筆動機があった。この執筆の前提には、二一世紀的というべき現代世界の政治的、経済的展開が、「アジア」あるいは「東アジア」への人びとの地域的関心を強めているという現実的事態があった。経済大国としての〈中国崛起〉の現象が、この関心をいっそう高めていることはいうまでもない。「東アジア共同体」とはもはや過去からさまよい出た幻ではない。それはすでに現実感をもった議論の対象になりつつある。だが私たちは昭和における一五年戦争の体験のうちに、すでに「亜細亜」も「東亜」も、そして「東亜協同体」の理念ももっているのである。昭和の一五年戦争と不可分な「東亜」の体験をもつ私たちは、そしてその体験の忘却を拒絶する私たちは、いま期待の呼び声とともに立ち上がろうとする「東アジア共同体」の構想に向かって何をいうべきなのか。もし私たちがいま、もう一度「アジア」をいうとするならば、それはいかなる「アジア」であるべきなのか。私をこの連載に向かわせた動機の一つは、このような現実からくる要請に思想史家としていかに応えるかにあった。

この現実的要請に重なるようにして、私の思想史的追究課題からくる要請があった。私は二〇〇五年一一月から、アソシエ21学術思想講座で「日本ナショナリズムの解読」の講義を始めていた。その講義は本居宣長や福沢諭吉を経て、昭和ナショナリズムの言説の解読へと向かうものであった。この講座での宣長から橘樸《しらき》にいたる一〇回の講義は、『日本ナショナリズムの解読』(白澤社、二〇〇七)にすでにまとめられた。この講義は、その成り行きから昭和の一五年戦争という時代の言説に私を直面させていった。私は昭和の一五年戦争という時代の日本知識人による自己理解の言説を、「近代の超克」の一語をもって包括して、新たな講義を始め、それを『現代思想』に連載していった。ではなぜ「近代の超克」なのか。その答えはまさに本書が説くところである。ここでは、昭和一六年一二月八日の宣戦が日本知識人に与えた知的戦慄を、河上徹太郎が「近代の超克」の一語に集約させたことのうちにその理由は示されているとだけいっておこう。私の講義「日本ナショナリズムの解読」は、ただちに「「近代の超克」の解読」の講義に引き継がれたのである。

私を「近代の超克」論に向かわせたこの二つの動機のいずれにも深くかかわる形で竹内好がいる。現代日本の言論的世界における「アジア」「東アジア」問題の復権は、竹内好の再評価をともなっている。竹内好を主題にした国際的、国内的シンポが開催されたりした。現代の「アジア」の復権者たちは、竹内から「もう一つの近代」あるいは「アジア的(中国的)近代」を、「ほんとうの近代」として読み出していった。このように「アジア」とともに主題化される竹内とは、戦時の「近代の超克」論の、あるいは日本浪曼派・保田與重郎の文学運動の戦後的再評価者でもあるのだ。私による「「近代の超克」の解読」の作業は、それゆえ竹内好批判を最初のモチベイションにして始められたのである。本書の第

1・2章をなす連載当初の論は、竹内のロマン派的言説に対する批判的視角から書かれていった。しかし本書の終わりの数章で、すなわち連載最後の段階で、竹内の「アジア」論、ことに「方法としてのアジア」論に正面しながら、私は積極的に彼を読み直していった。彼の「方法としてのアジア」論から私は、現在のわれわれが「アジア」についていうべき言葉を導いたのである。本書を通読された読者は、私の竹内評価の変容をいうかもしれない。だが私における竹内評価の変容とは、竹内自身の議論からポスト竹内的な議論を区別した結果である。これを区別することで、私に竹内の「方法としてのアジア」の積極的な意味が読み出されていったのである。

「近代の超克」論を構成する内容は、あの『文学界』の座談会の欠席者によってむしろ語られるとする竹内にならって私は、「東亜協同体」の論者たち、「大陸問題」の専門的ジャーナリストたち、「世界史的立場」の哲学者たち、そして「日本浪曼派」の文学者たちの議論に、昭和の言説的痕跡を追っていった。私はこの昭和の痕跡を求めて、例によって古書店や古書市を歩きまわった。『中央公論』『改造』『文藝春秋』や『日本浪曼派』などのバックナンバーを私は求めていった。昭和前期という時代における言説的痕跡を、現物のなかに探ってみたいと思ったからである。入手できないものは、国会図書館でマイクロリーダーを繰りながら読んだりした。そのことで、一つの雑誌が区切りとる昭和の具体的な言説的時空のなかで、例えば「東亜協同体」の論説を私は読むことができた。それは政治学者の論説を、従軍作家の小説とともに読むことであった。また毛沢東の「持久戦論」や「抗日遊撃戦論」が翻訳され、われらが「東亜論」とともに掲載されていることをも私は知った。それは多くの発見をともなう作業であった。私は毎月末の一週間を連載執筆の時間に当てた。毎回、私は自分で興奮しながら書いていった。これは今までにない執筆体験であった。それは、私の少年時の記憶になお残る昭和一五年戦争期の言説的検証というこの作業がもたらした興奮であった。

連載「近代の超克」は、このように昭和一五年戦争時の知識人の言説的な諸相を批判的に分析していった。それは政治的言説から、哲学的、文学的などの状況論的言説を包括する。こうした昭和知識人による自己理解の言説的諸相の批判的検証と分析を、私は「昭和イデオロギー批判」と呼んだ。本書第1章（連載第一回）の副題は、その言葉からなっている。この知識人の自己理解の言説には、日本の「近代」をめぐる昭和的というべき言説的な特質が見出される。それは昭和知識人の自己理解のあり方を規定しているような言説的特質である。彼らは日本の「近代」を、東と西という地政学的な枠組みをもって理解していった。西に対して東がはっきりと自覚されていったのが昭和である。「近代」とはヨーロッパ的近代として対自化されたのである。そこから反「近代」の言説としての反‐近代主義が日本浪曼派のもっとも重要なイデオロギーとなった。だが反‐近代主義とは、日本浪曼派だけのものではない。それは昭和日本がもったイデオロギーであり、自己理解の言語であった（本書第2章）。この「近代」の超克とは、まさしく「昭和イデオロギー」なのだ。だが昭和の終焉とともに、このイデオロギーも終息したわけではない。新たな「近代の超克」をいう反‐近代主義は、二一世紀の日本にいくらでも再生している。「アジア的な真正の近代」を求める言説として。「昭和イデオロギー批判」としての本書は、書かれねばならなかったのである。

本書の各章を構成する私の論文は、『現代思想』に連載されるとともに、毎月の「昭和イデオロギー研究会」で講義されていった。私の展開する議論が、具体的な受け取り手を毎月もっていたことは、私にとって大きな励みであり、支えであった。時には誤りを指摘して頂いたこともある。この支え手の中には中国の若い友人たちもいる。あらためて研究会の諸氏にお礼を申し上げたい。ことに幹事としてこの研究会を支えてくれた早稲田大学の清家竜介・中村香代子の両氏には心から感謝したい。

最後に『現代思想』誌における連載を配慮してくださった同誌編集長の池上善彦氏と、本書の編集を担当し、入念に、しかも迅速に仕上げてくださった青土社編集部の水木康文氏にあらためて感謝したい。

子安宣邦

二〇〇八年四月三日

初出

『現代思想』2007 年 4 月号〜 2008 年 3 月号連載

著者紹介

子安宣邦（こやす・のぶくに）

日本思想史。1933 年川崎生まれ。東京大学文学部卒業、東京大学大学院博士課程（倫理学）修了。大阪大学名誉教授。日本思想史学会元会長。主な著書に『国家と祭祀』（青土社）『「事件」としての徂徠学』『「宣長問題」とは何か』（青土社／ちくま学芸文庫）『本居宣長』『日本近代思想批判』『江戸思想史講義』『漢字論－不可避の他者』（岩波書店）『伊藤仁斎の世界』（ぺりかん社）『鬼神論』『日本ナショナリズムの解読』（白澤社）『「アジア」はどう語られてきたか』（藤原書店）ほか。

「近代の超克」とは何か

2008年 6月10日　第1刷発行
2008年10月20日　第3刷発行

著者——子安宣邦

発行者——清水一人
発行所——青土社
東京都千代田区神田神保町1-29 市瀬ビル〒101-0051
［電話］03-3291-9831（編集）　03-3294-7829（営業）
［振替］00190-7-192955
印刷所——ディグ（本文）
方英社（カバー・表紙・扉）
製本所——小泉製本

装幀——高麗隆彦

ISBN978-4-7917-6410-5　Printed in Japan

国家と祭祀

国家神道の現在

子安宣邦

国家は祀ってはならない——〈靖国〉の源流を求めて「水戸学」の政治神学を精査、国民国家成立における宗教の役割をアジア大の視野で考察する。日本思想史学の第一人者がその使命を賭けて国家神道をめぐる言説の抗争に参入する。

四六判上製 222 頁